너도 사랑을 해, 사랑을

현대수필가100인선 · 53

너도 사랑을 해, 사랑을

이병남 수필선

좋은수필사

■ 책머리에

수필은 누구나 부담 없이 읽고, 마음만 먹으면 직접 쓸 수도 있는 가장 친근한 문학이다. 다른 영역의 문학이 영상매체에 밀려 신음하고 있는 중에도 수필 인구만은 날로 증가하여 바야흐로 수필 전성시대를 구가하고 있는 이유도 거기에 있을 것이다.

시대적 추세에 힘입어 수많은 수필전문지, 수필동인지가 창간되고, 이에 비례하여 신진 수필가도 날로 늘어나다 보니 이제는 그 많은 작가, 그 많은 작품 중에서 문학성 높은 작품을 가려 읽는 일이 쉽지 않게 되었다. 이런 현상은 작가에게나 독자에게나 결코 바람직한 일이 아니다. 더 나아가서는 수필을 연구하는 후세들에게도 큰 부담이 될 것이다.

이런 문제를 해결하는 데는 출판인도 마땅히 한몫을 감당해야 한다는 평소의 소신에 따라, 본사가 기꺼이 그 역할을 맡기로 했다. 그 첫 번째 사업으로 시대를 대표할 만한 수필가 100인을 선정하고, 작가가 자선한 40편 내외의 작품을 수록한 문고본을 발간하여 이를 널리 보급함으로써 그 소임을 다하고자 한다.

본사는 사명감을 가지고 이 사업을 추진해 나가기로 했다. 작가 선정을 전담할 편집위원회를 구성하고 전권을 위임하여 일체의 사적인 정실이나 청탁을 배제함으로써 전문성과 공정성을 확보해 나갈 것이다.

따라서 이 기획물 속에는 작가의 문학정신뿐만 아니라, 본사의 문학사적 기여 의지와 편집위원 제위의 수필문학에 대한 애정과 문인으로서의 양심이 함께 담겨 있음을 자부한다. 다만, 작가를 선정하는 기준에는 많은 견해의 차이가 있을 수 있고, 선정 과정에서도 미처 챙기지 못한 부분이 있을 것이라는 사실만은 인정하지 않을 수 없다. 이 점에 대해서는 관계자 여러분의 양해 있으시기 바란다.

이 시리즈의 발간 순서는 작가, 또는 본사의 사정에 의한 것일 뿐 그밖의 어떤 기준도 적용하지 않았음을 밝힌다.

본 기획물이 시대를 초월한 많은 수필 애호가들의 관심과 애정 속에 우리나라 수필문학 발전에 한 이정표가 되기를 바랄 뿐이다.

2009년 9월

《좋은수필》 발행인 서 정 환
현대수필가 100인선 간행 편집위원 박 재 식 최 병 호
정 진 권 강 호 형
변 해 명

| 차례 |

1_부

2_부

3_부

4_부

1부

산책散策

추억의 트럼펫

너도 사랑을 해, 사랑을

한 점 돌 위에 새긴 이름

분수대의 단풍나무

풍죽風竹을 그리며

모과주 한잔을 들고

한내로 가는 길

청산靑山은 나를 보고

산책散策

1.

꿈이 산란하여 뒤척이던 잠을 큰 기지개로 떨쳐 버리고 침상에서 일어났다. 산책을 할 생각이다.

이곳에 온 후로는 출퇴근 없이 근무처에서 기거하는 탓으로 현충사 참례 때나 아침 산책의 시간만이 철책의 울타리 밖으로 나갈 수 있는 유일한 기회다.

아침 산책의 여유를 갖는 것도 실은 일주일에 한두 번 있을까 말까 하는 기회요, 그 기회마저도 그날 아침 눈떴을 때의 내 기분에 따라 좌우된다. 나의 경우 아침 산책은 간밤의 산란한 꿈을 떨어버리기 위한 방편이거나 혹은 대화없이 억압된 감정의 해소를 위한 기분 전환의 효과적인 방법이다.

남편과 딸아이의 건강을 염려하던 나머지 보문산 오솔길을 오르내리던 아침 산책길이 있었다.

아침잠이 많은 나에게 처음에는 아침 일찍 산책에 나서는 일이 부담스럽기도 했지만 삽상한 새벽 공기를 마시며 아침 이슬에 젖은 풀섶을 살펴 딛는 보문산 오솔길에 익숙해지면서부터는 혹 피치 못할 사정으로 산책을 하지 못하게 되는 날은 종일토록 아쉬움이 남으리 만큼 산책이 습관화되었다.

대문을 나서면 우선 농과대학 울타리로 된 아까시 향기가 산책자를 유혹한다.

계사鷄舍 안에서 홰를 치는 레그혼이 거위를 놀라게 하고 뒤뚱뒤뚱 이리 닫고 저리 뛰는 거위가 선잠을 깬 말과 젖소의 우리로 기어드는 종축장을 오른편에 두고 돌면 물소리 없는 계곡이 왼편으로 흐르고, 논두렁 밭둑을 지나 과수원집 옹달샘에서 등산객들이 약수라 부르는 냉수를 오장이 시원하도록 마신다.

보문산 오솔길을 아침에 오르내리는 사람들을 대별해서 둘로 구분할 수 있다. 병약자나 노인이 아니면 아낙네들로 된 산책자와 산을 정복하는 등산자다. 산책자는 약수를 마시고 계곡에서 세수한 다음 각자 적당한 자리에서 간단한 체조로 몸을 풀거나 혹은 잠시 휴식을 취하고 돌아가는 사람들이다. 등산자는 애초부터 산등성을 타고 보문산 정상에 도전하거나 아니면 계곡을 따라 오르다가 보문산을 휘어 감고 도는 관광도로를 가로질러 암자를 거쳐 가까운 산에 오르는, 주로 청년층으로 그들은 산을 정복한 후 '야—호'를 외친다. 등산자들은 산책자보다 일찍 행동하는 것이 특징이다.

산등성을 넘어 야외음악당, 어린이 놀이터, 보문대 등을 돌아보는 코스는 휴일 가족과 함께 즐기던 산책로였다.

문화동 계곡을 타고 보문산 정상에 오르는 중간쯤 되는 곳에 암자가 하나 있었다. 암자의 이름은 잊었지만 그곳엔 서대전을 한눈에 내려다볼 수 있는 꽤 넓은 동굴이 있어 여름이면 자주 드나들던 곳이다.

동굴까지 산책이 운동도 되거니와 호남으로 달리는 꼬리 긴 열차의 기적소리와 함께 나날이 변모해 가던 서대전의 전경이 흥미롭기도 해서 자주 찾던 곳인데 지금도 눈감으면 선히 떠오른다.

어느 날 아이들과 보문산 오솔길을 산책하고 있었다. 날듯이 뛰어가던 막내놈이 "엄마, 이 바위는 아버지가 앉으셨던 자리다."며 제 아빠를 꼭 닮은 아들이 반석 위에 다리를 꼬아 얹고 의젓한 자세로 앉는다.

때 없이 오르내리던 길, 거닐다 쉬어가고 앉고 섰던 자리가 비단 그 바위뿐이었을까마는 아빠를 꼭 닮은 아들은 어느 날의 아빠를 추억하는 것일까.

엄마로서의 의무와 책임을 다하기 위해서 대가 없는 희생을 모두 바쳐도 산책길에서 홀연 아버지를 찾는 아이들의 그리움과 아픔만은 달랠 길 없는가 보다. 이것은 죽음이 살아남은 자에게 주고 간 형극이기도 하다.

구름이 태양을 가리웠던 그날의 산책을 마지막으로 보문산 오솔길을 다시 걷지 않았고 대전을 떠나온 지도 해를 넘겼다.

그러나 떠나간 것은 항상 그립고, 두고 온 것은 필경 아쉬움으로 변하는 마법을 가졌나 보다.

2.

적자색赤紫色 아침을 본 것은 이곳에 와서 처음이다. 숙소의 현관에 나서면 울창한 송림 사이에서 동트는 아침이 설화산의 골안개에 적자색 물감을 뿌리는 풍경 속에서 이곳의 하루가 시작된다.

보문산의 아침이 기적 소리에 깨는 우윳빛 아침이었다면 이곳의 아침은 성스러우리 만큼 고요로운 보랏빛 그것이다.

아직 가까이 가본 일 없이 먼 빛으로만 보는 설화산은 나를 즐겁게 하는 산이다. 아침의 골안개 젖은 적자빛 산이 그렇고 정오의 태양에 봉우리마다 그림자 지운 자태가 그러하며 외로울 때나 슬플 때나 어느 경우에 바라보아도 밉지 않은 산이 설화산이기에 아침 산책은 설화산을 안고 걷는 현충사 진입로를 택한다.

온종일 기왓골을 날아다니며 조잘대는 참새 소리도 항상 즐거운 것으로 아침 산책길에는 더욱 흥겨운 가락으로 들리고, 이 산 저 산에서 화답하는 뻐꾸기 소리는 산책의 발걸음을 가볍게 하는 하나의 요소이기도 하다.

가슴 저변에 침전된 우울을 씻어 내리는 심호흡을 하는 것은 사슴 목장 입구에서 하는 것으로 버릇이 되었다. 곡교천을 타고 온 설화산의 정기와 흙내 짙은 아침 공기를 마시는 상쾌한 기분, 그 무엇으로도 대신할 수 없는 아침 산책길에는 사슴 목장에서 걸음을 멈추는 일을 잊지 않는다. 보문산 오솔길에서 수많은 사람과 다정한 인사를 나누던 때와는 달리 천지간에 홀로 거니는 산책에서 사슴은 나와의 유일한 대화자가 되기 때문이다. 사슴은 무법의 침입자를 경계하는 모습이 홰를 치는 레그혼이나 꽥꽥 소리를 높이는 거위와는 달리 그 수법이 점잖아서 좋다.

모두가 하나같이 놀라는 것이 아니요 무리 중의 한두 마리가 풀을 먹는 여러 마리를 대표해서 침입자를 경계한다. 감시역의 사슴은 선이 고운 목을 길게 빼고 여차하면 무리를 이끌고 뛰어 달아날 자세로 침입자를 경계한다.

그와는 달리 나는 사슴의 잘 생긴 얼굴과 빛깔 고운 몸매, 터질 듯 새로 솟은 뿔을 눈여겨보면서 멋진 사내를 보는 듯 바라보지만 그는 사뭇 철책을 사이에 두고 경계심을 풀지 못한다. 이렇듯 서로 겨루다가 내가 먼저 물러선다.

그러나 나는 사슴의 울음을 좋아하지 않는다. 고고한 사슴의 자태와는 달리 발정기의 숫사슴이 짝을 찾아 운다는 울음의 의미부터가 싫거니와 어느 겨울날 산책길에서 듣던 사슴의 울음이 어미 찾아 절규하는 어린이의 울음으로 연상되었기 때문이다.

사슴 목장을 지나면 산책의 걸음은 현충사 진입로인 은행나무 가로수 길로 접어든다. 보문산 오솔길이 자연 그대로의 소박한 길섶이라면 현충사 진입로는 다듬어진 길이다.

가지 잘린 은행나무 가로수가 어느 지혜로운 정원사의 하나의 예술작품으로 감상되고 함초롬히 이슬에 젖은 아스팔트에서 정겨움을 풍기는 것도 이러한 아침 산책이 아니고는 느낄 수 없는 정감이다.

좌우에 펼쳐진 무논에서 씨 뿌리고 자라는 사철을 본다. 때로는 무엇에 놀랐음인지 소리 높여 우는 장끼의 울음으로 시간에 쫓기고 공무에 빼앗겼던 잃어버린 자신을 되찾는 것도 아침 산책길에서의 순간이다. 이때쯤이면 설화산도 해맑은 아침 햇살에 그 참모습을 드러내고 산책의 걸음은 곡교천 제방을 종점으로 돌아선다. 이른 아침 자전거에 하루를 싣고 온양읍으로 달리는 통근자의 뒤를 따라 눈길을 돌리면 활처럼 휘어진 제방길이 충무교 아래를 흐르는 듯 강줄기가 밀려오는 안개 속에서 감회 깊은 한 폭의 그림으로 펼쳐진다. 돌아오는 길은 곧바로 보이는 충무문을 통과하고 현충사 광장으로 들어선다.

현충사 광장은 어느 때 걸어도 싫증이 나지 않는 길이다. 고요로운 아침, 가슴 후련토록 넓은 광장, 다듬어진 수목과 사계절 열두 달을 두고 끊이지 않고 피는 꽃, 이것만으로도 산란한 꿈을 달래기에 부족함이 없는 광장에는 찬란한 아침 햇살을 받는 백공작이 고독한 산책자를 위해 자랑스레 나래를 편다.

성역의 참배자를 실어 나르는 첫 버스의 경적이 고요로운 아침을 조심스레 두드리는 것은 바로 이 시각부터이다.

추억의 트럼펫

감각이 둔해진 탓일까.

돌아왔다는 기쁨도 새로운 각오도 없는 부임이다.

새로운 업무에 대한 공포만이 머릿속에 가득할 뿐이다.

점심 식사 후 문득 내려다본 창에서 움트는 버들가지를 본다. 분명 봄은 발밑에 와 있다. 한번쯤 아지랑이 어린 식장산 그늘에 뜬 애드벌룬처럼 하늘 높이 오르고 싶다.

봄 탓이다.

일기장에 기록된 어느 날의 감회다. 덮어두지 못하고 다시 읽어 내려가는 시야에 그날 그 시절의 정경이 선하게 펼쳐진다. D시는 내가 근 삼십 년을 살았던 곳이요, 신혼의 단꿈으로부터 시작해서 사랑의 종말까지 갖가지 애환을 연출하던 곳이기도 하다.

낯익은 얼굴, 어느 거리, 모퉁이 모퉁이마다 추억을 뿌리지 않은 곳이 없다. 그 중에서도 전근 명령을 받고 수년간 D시를 떠나 살다가 다시 돌아와서 근무하던 때의 사무실은 3층에 위치한 곳으로 D시의 사계절을 조망할 수 있는 곳이어서 특히 기억에 남는다.

남쪽과 동쪽이 유리벽인 사무실에서 나는 다행히 남쪽을 바라보고 앉게 되었다. 책상을 배열하는데 서열을 따지고 부임날짜의 선후를 가리는 사회에서 마음에 드는 자리에 앉게 되는 것은 분명 행운이 아닐 수 없다.

출입문인 북쪽을 등지고 앉아 오른편은 상사의 자리이고 보면 자연 내 시선은 남쪽 창 아니면 동쪽 창에 머무르게 된다.

D시의 높고 낮은 건물들이 한눈에 들어오고, 계족산의 허리를 가로지르는 경부고속도로를 멀리 바라볼 수 있는 동쪽 창은 기다리는 사람이 있을 때 자주 눈길이 가던 곳이다. 더욱이 완성된 대청댐을 보고 온 후로는 계족산을 넘나드는 구름은 자주 대청호의 낙조에 여울지는 물결을 그리움과 함께 동쪽 창을 통해 몰고 오곤 했다.

계족산은 계룡산과 함께 봄빛보다는 가을 단풍을 자랑하는 산이다.

기우는 저녁 해가 계족산 단풍잎을 물들이고 질주하는 고속버스의 행렬이 꼬리를 무는 주말이면 나는 미칠 듯 어디론가 떠나가고 싶은 충동을 느꼈다.

그러나 남쪽 창을 통해 불어오는 바람은 전혀 달랐다. 자동차의 내왕이 빈번하지 않은 도로를 사이에 두고 남쪽 창을 통해 내려다볼 수 있는 D고교의 교정은 언제나 젊음의 활기와 환성이 가득했다.

특히 햇빛 쏟아지는 오후 백구를 날리고 쏜살같이 운동장을 누비는 유니폼의 젊은이들을, 나를 잃고 바라보는 시간도 있었다. 남쪽 창은 또 시선을 오른편으로 조금만 돌리면 수도산의 벚꽃과 보문산의 봄빛을 몰고 왔으며 멀리는 충무체육관의 애드벌룬이 가을 하늘을 수놓았다.

호남의 관문이라 불리는 D역에서 기적이 우는 아침이면 식장산에 피어오르는 안개를 보고 하루 일기쯤은 점을 칠 수도 있었다. 안개 속을 헤매는 기적소리나 비에 젖은 검은 식장산은 나를 우울하게 했다.

온종일 바삐 돌아가는 일과 중에서 잠시 머리를 식히기 위해서나 혹은 다정한 목소리의 전화를 받는 동안 창을 통해 바라보는 이런저런 정경들은 목욕 후에 마시는 한잔의 청량음료만큼이나 시원하고.

그러나 단 한 가지 남풍을 타고 오는 소리만은 늘 나를 짜증스럽게 했다. 눈으로 바라보는 것이면 보기 싫을 땐 눈을 감아버리면 그만이지만 귀로 듣는 것은 귀막이를 하고 앉아 있을 처지도 못 되어서 어쩔 도리가 없다. 소리도 소리 나름이어서 아름다운 소리는 사람의 마음을 가라앉게 하고, 때에 따라서는 일의 능률도 높여 주지만 그 트럼펫 소리만은 예외였다.

D고교의 입학식이 끝나고 교정에 둘러선 나뭇가지들이 뾰족뾰족 새순이 돋아날 때면 신입생들로 활기를 띠는 운동장의 풍경과 함께 불규칙한 트럼펫 소리가 들려오기 시작했다. 그 불규칙한 소리가 들려오는 곳은 D고교 강당 뒤편이다. D고교에 새로 입학한 학생 중에서 선발된 취주악 대원들의 연습장이 바로 강당 뒤편인 모양으로 그곳에서 불어대는 트럼펫 소리는 남풍을 타고 곧장 내 사무실로 몰려와 신경을 자극하곤 했다.

일에 열중할 때는 잘 듣지 못하던 소리도 일이 잘 풀리지 않거나 마음이 괴로운 시간에는 마치 트럼펫을 귀에 대고 불어대는 듯 가까이 들렸다. 주위가 조용하니 유독 트럼펫의 고음이 두드러지게 들릴 수밖에 없다. 날이면 날마다 출근과 동시에 듣게 되는 그 소리는 퇴근하는 시간에도 들어야 했다.

이제 그만 끝이 났는가 하면 다시 불던 트럼펫 소리만이 듣기 싫은 것이 아니라 급기야는 부는 사람까지 미워졌다.

D고교에 전화를 해서 사무에 지장이 있으니 제발 연습장을 딴 곳으로 옮길 수 없겠느냐고 부탁을 할 생각도 수시로 일어났다. 그러나 그때뿐. 오히려 트럼펫 연습이 없는 날은 '무슨 일일까? 웬일일까?' 걱정을 하기도 했다.

어느덧 봄은 가고 여름 그리고 가을도 지났다. 뒤 따라온 초겨울 찬바람이 창문을 닫아준 토요일 오후. 나는 D고교 강당 복판쯤에 자리를 하고 앉았다. 전국 고등학교 취주악 경연대회에서 입상한 D고교 취주악대의 입상기념 연주회에 초대된 자리다.

이윽고 연주가 시작되었다. 불고 치고 두드리는 악기 소리들이 한데 어우러져 웅장하다 못해 장엄하게 강당 안에 퍼졌다. 한 곡 한 곡 연주가 끝날 때마다 청중들은 박수를 아끼지 않았다. 신경을 자극하던 그 불규칙한 트럼펫의 고음은 들을래야 들을 수가 없었다.

나는 연주를 귀로 듣는 것이 아니라 눈으로 누군가를 찾고 있었다. 봄 여름 가을 그 많은 날들을 무성한 나뭇잎에 얼굴을 가리고 소리로 나를 괴롭히던 주인공은 누구일까? 연주가 끝나고 단원들은 한 사람 한 사람 일어서서 단을 내려왔다. 그 중의 한 학생과 내 눈길이 마주쳤다. 트럼펫을 손에 든 미워할 수 없는 미소년이었다.

D시를 떠나 사는 지도 어느덧 해를 거듭했다. 그러나 봄이 오고 새순이 파릇파릇 돋아나는 계절이면 나는 서울에 앉아서도 보문산의 봄빛을 보고 계족산의 구름을 보며 미소년의 그 불규칙한 트럼펫 소리를 듣는다.

너도 사랑을 해, 사랑을

꽃잎이 우수수 날려 주위는 소란해졌다.

물고 늘어지는 놈이 있는가 하면 서로 엎치락뒤치락 실랑이를 벌이다 곧바로 또 갈라선다. 쫓고 쫓기는 싸움이 한창이다. 한 무리의 까치 떼가 땅에 내려앉는가 하면 위로 솟고, 위로 솟은 듯하여 올려다보면 어느새 땅을 치고 날개를 푸드득거린다.

나뭇가지 사이를 오르내리며 소리 높여 우짖는 또 한 무리는 양편의 응원부대인 듯싶다. 나무에서 나무로 이 가지에서 저 가지로 혹은 땅에서 솟고 하늘에서 떨어지듯, 푸드득거리며 우짖으니 몇 마리인지 그 수를 헤아릴 수도 없다.

오늘 따라 삼청공원은 온통 꽃밭이다.

목련을 비롯하여 벚꽃, 개나리, 진달래가 어울려 피고 눈을 트는 나뭇잎들도 꽃 못지않게 싱그럽다.

까치 떼가 벚꽃나무로 옮겨 앉으면서 하얀 꽃잎들을 개나리 꽃 위에 뿌린다. 신록 사이로 날리는 꽃잎들은 눈발 같기도 하고 혹은 나비 같기도 하다. 그것을 바라보면 "낙화인들 꽃이 아니랴 쓸어무삼하리오."하고 읊은 선인의 뜻을 알 것 같다.

답답한 것은 까치 떼가 아무리 아우성이어도 그 사연을 알아듣지 못함이다.

인간은 흔히 이해관계로 싸움이 시작된다. 그러나 미물인 저들은 무엇을 위해 저리도 싸우는 것일까. 어쩌면 이토록 화창한 봄날씨를 시새움하는지도 모를 일이다.

"무엇을 먹을까 무엇을 입을까 너희는 걱정하지 말아라. 하느님은 나는 새도, 들에 핀 꽃도 아름답게 입히신다."하였으니 저들이 먹고 입고 사는 일로 저리 다투지는 않을 것이다. 사랑싸움임이 분명하다. 하기야 저들의 정다움은 사람인 나도 시새울 정도였으니까. 비록 날짐승들인들 감정이 없으랴.

지난겨울이었다.

서울이 낯선 나에게는 짧다는 동지 해도 지루하기만 했다. 온종일 책과의 씨름으로 피로해진 눈을 식히기 위해서도 오후 한때는 자주 발길을 창가로 옮기곤 했다.

잿빛 하늘, 우뚝 솟은 고층빌딩, 죽은 듯 서 있는 나무들, 어느 것 하나 정붙일 곳이라곤 없었다.

그러던 어느 날 우연히 참으로 우연히 시선이 머문 겨울나뭇가지 끝에서 집을 짓는 한 쌍의 까치와 만났다.

언제부터 시작이 되었는지는 알 수 없어도 까치집은 이미 철근골조공사를 끝냈다고 할까. 아무튼 겉으로 보기엔 까치집이고 나무 아래에서 올려다보면 하늘이 꿰뚫어 보이는 미완성품이었다.

하루하루 두 마리의 까치는 번갈아 날아들고 때로는 주둥이로 조아리는 동작이 잦아지더니, 마침내 바람도 피해갈 듯한 까치집이 완성되고부터는 두 마리의 까치는 서로 화답하는 시간이 더욱 많아졌다.

낮에는 어디서 무엇을 하는지. 오후 한때 내 시선이 창가에 머무는 시간이면 한 쌍의 까치는 둥지로 돌아온다.

처음 이삼 일. 저들이 나를 잡아둔 것은 거의 일정한 시간에 돌아오고 삼청공원의 많은 나무를 두고도 같은 나무 같은 가지에 마주앉는다는 사실이다.

이미 어둠이 깃드는 하늘을 두 마리의 까치가 선회하다가 사뿐, 가지 끝에 내려앉으면 나뭇가지는 꺾일 듯 휘어지고 까치는 살짝 꼬리를 치켜세우며 아래 위 가지에서 화답한다.

날짐승도 서로 사랑을 하면 저토록 다정할까 싶은 생각에 사흘 나흘 닷새 엿새, 넋을 잃고 바라보던 나는 까치에게 정이 들어갔다. 혹 까치가 보이지 않는 날에는 집에 돌아와서도 쉽게 잠이 오지 않고 혹 내가 몸이 아파 출근하지 못하는 날이면 자리에 누워서도 까치 생각을 하곤 했다.

까치에 대한 내 상념은 어릴 적 어머니의 말씀으로부터 시작된다.

"해가 궁둥이까지 올라왔다. 어서 일어나라."

아침마다 날 깨우시던 어머니.

그러나 단 하루 "까치가 왔다 어서 일어나라. 오작교에 가서 다리를 놓고 오느라고 까치머리가 다 벗겨졌어요."하고 귓속말로 날 깨우시던 날. 고향집 안마당에서 모이를 줍던 까치는 정말 머리털이 빠져 있었다.

나는 지금도 고향집을 생각할 때면 그 풍경을 잊지 못한다.

미물일지라도 사랑을 아는 까닭으로 견우와 직녀를 위하여 머리털이 다 빠지도록 봉사할 수 있었을 것이다.

어머니는 또 까치가 울면 반가운 소식이 온다는 말씀도 하셨다. 그러나 우리 어머니는 평생 기다린 사람도 한 장의 편지를 쓰거나 받아본 사실도 없는 세상을 사시다 가신 분이다.

그런 저런 생각으로 까치를 보는 날에는 두고 온 사람, 떠나간 사람, 만날 수 없는 사람들이 성큼 내게로 와서 사랑은 맹목이지만 멀리서도 보이는 것이라고 속삭인다.

그렇게 낯선 겨울이 지나고 목련이 피려는 사흘 동안 나는 까치를 볼 수 없었다. 가슴이 답답하고 머리는 몽롱했다. 때로는 기억할 수 없는 꿈속을 방황하기도 하고 온몸이 쑤시고 저리는 병을 앓아 출근하지 못했던 것이다.

하는 수 없이 남편이 병원을 경영하고 있는 친구 집을 찾아갔다. 병에 대한 증상을 듣고 있던 친구가 갑자기 푸짐한 웃음을 터뜨린다. 머큐롬으로 학생의 멀미증을 고치던 재주는 어떻게 하고 병원을 찾아왔느냐는 것이다.

정말 지금도 그 일만 생각하면 등골에 식은땀이 흐르고 숨이 당장 끊일 듯 가슴이 조인다.

내가 풋내기 교사였을 때의 이야기다.

학생들을 인솔하고 수학여행을 떠났다. 버스여행으로는 좀 타이트한 여정이라고 생각되었지만 계획대로 순조롭게 수학여행은 진행되었다.

수학여행은 학생과 선생 간의 간격을 좁히고 선생 편에서 보면 학생들의 개성을 파악할 수 있는 좋은 기회가 되고 학생들에게는 현장교육과 정신적 스트레스를 풀 수 있는 청량제가 되기도 한다.

그래서 수학여행 버스에 오른 학생들은 다소 고삐 풀린 망아지 모양 뛰놀고, 인솔교사도 덩달아 흥분하기 마련이다.

출발 전 조사에서 차멀미를 한다는 학생은 한 명뿐이었다. 그 학생도 과히 심한 편은 아니라며 선생님은 염려 안 하셔도 될 거라고 반장이 말했다.

돌아오는 길에 황혼이 불타는 도로에서 학생들은 남은 흥을 버스 안에 풀어놓고 있었다. 그때 반장이 다가와서 "선생님 멀미약 좀 주세요." 하는 것이다. 약을 타간 반장은 잠시 후 다시 와서 "선생님 큰일났어요. 약을 먹였는데 입에서 피가 나고 입안이 온통 빨개요."하는 것이 아닌가.

나는 잠시 눈을 감았다. 소화제, 붕대, 머큐롬, 멀미약, 옥도정기, 구급약 상자 속에 든 약들을 차례로 머릿속에서 점검해 보고 다시 눈을 떴다.

버스 안은 온통 학생들의 노래와 춤으로 어울렸다. “선생님 저것 보세요.” 하고 반장이 가리키는 손끝에는 입안이 온통 빨간 학생이 노래를 신나게 부르고, 반장은 “아프지는 않대요.” 하고 속삭였다.

약상자 속에는 머큐롬과 멀미약이 똑같은 크기의 플라스틱 병에 들어 있었다. 학생에게 멀미약 대신 머큐롬을 마시게 한 것이 분명하다. 의사도 약사도 아닌 내가 투약을 잘못해서 학생을 죽게 할지도 모른다는 생각에 미치자 앞이 캄캄해졌다.

그러나 다행히도 학생은 약을 마시고 머리가 가벼워졌다며 계속 노래를 불렀고 무사히 귀가했다.

진찰을 끝낸 친구의 남편은 몸살기가 있긴 해도 염려할 병은 아니라며 주말엔 즐거운 여행이라도 떠나란다. 현관까지 배웅을 나왔던 친구는 “다 봄 탓이야. 너도 사랑을 해, 사랑을….” 하고는 깔깔댄다. 봄 탓이 아니고 그놈의 까치들 탓이라고 말해주고 싶었지만 그대로 돌아섰는데 오늘은 까치들이 어인 까닭인지 저리 싸운다.

사랑도 넘치면 병이 된다 하더니 봄은 역시 몸살하는 계절인가 보다.

한 점 돌 위에 새긴 이름

금년에도 많은 곳을 여행했다. 특히 두고두고 기억하고 싶은 곳은 지난 1월에 갔던 이즈伊豆반도이다. 명작의 산실인 그곳을 찾았을 때는 때 아닌 이슬비가 내리고 있었다. 그러나 이슬비는 문학 비에 새겨진 명작의 구절뿐만 아니라 희미해진 명작에 대한 기억을 더욱 선명하게 해주었다.

닥터 S와 약속한 곳은 주일 아침 10시 데이고쿠호텔 티룸이다. 차 한잔을 같이 하고 그간의 격조했던 인사를 나눌 심산이었다.

그러나 동경의 지리에 서툰 내가 닥터 S를 만난 것은 약속시간보다 두 시간이 늦은 열두 시 정각. 그것은 부끄럽기 그지없는 국제적 실수였다.

그러나 한 자리에서 두 시간을 기다린 인내력을 발휘한 닥터

S는 하코네箱根 온천으로 가는 길 안내를 맡겠다고 제의해 왔다. 그리하여 핸드백 하나를 메고 출발한 고오라强羅 하코네箱根, 그리고 국립공원 이즈반도를 일주하는 4박 5일의 여행길이 시작됐다.

여행의 주목적은 미나미이즈南伊斗에 있는 가와바다 야스나리川瑞康成의 문학비를 보는 데 있다. 여행 안내서에는 가와바다 야스나리의 출세작인 《이즈노 오도리코伊斗の踊子》의 배경인 아마기사카天井峠를 넘는 오도리코 라인이란 관광 코스에 버스가 운행하는 것으로 되어 있으나 아다미 관광안내소에 문의한 결과 겨울 동안은 운휴라 하여 나를 실망시켰다.

하는 수 없이 버스 여행을 포기하고 전철을 탔다. 정각 열두 시 가와즈역에서 하차하여 다시 버스를 갈아타고 유가노湯ケ野에 도착했을 무렵에는 이미 저무는 해가 이슬비에 젖고 있었다.

일본이 낳은 노벨상 수상작가 가와바다 야스나리는 우리나라에서 수상작 《유키구니雪國》로 많이 알려졌지마는 일본에서는 그의 출세작인 《이즈노 오도리코》로 더 유명하다. 유가노는 우리나라의 도고온천장으로 비유해 적절할까.

세계적으로 명성을 떨친 작가의 문학비 앞에 선 나는 감격과 실망과 약간의 질투로 반죽이 된 심정으로 이슬비에 젖은 채 자연석으로 된 비석에서 작품 《이즈노 오도리코》의 한 장면을 읽었다.

비석 바로 옆에 있는 이층 목조의 전형적인 일본집이 후쿠다가福田家로 가와바다 야스나리가 《이즈노 오도리코》를 쓰기 위해 이층 방에서 3일을 유숙했다는 집이다. 아래층 한쪽을 기념품 가게로 쓰고 있을 뿐, 옛 모습 그대로 두고 있다고 설명하는 오십 대의 여인은 개울 건너편의 욕탕이 바로 여주인공 오도리코가 묵었던 곳이라고 친절히 말한다.

그곳에서 만난 두 여대생은 후쿠다가를 구석구석 보고 난 다음 아마기사카를 걸어서 넘겠다고 작별인사를 나누었다.

오늘은 10월도 마지막 가는 날.

달력 장을 떼면서 내년에는 한 달 한 달 적힌 달력이 아니면 아예 일력을 걸어야겠다는 생각을 한다. 일 년을 여섯 장으로 한 달력을 쓰다 보니 아직 11월, 12월 두 달이 남았는데도 달력 장은 나머지 한 장만으로 세월의 덧없음을 실감케 한다. 떨어져나가는 달력에서 한 해가 저물어가는 소리를 들을 때 나는 제야의 숙연함보다 더한 슬픔을 느낀다.

한 해 또 한 해 나이를 헤아려서가 아니다. 무어라 이름 지을 수 없는 허전함이 제야에 듣는 종소리같이 가슴에 울려오기 때문이다.

이런 순간에 "너는 무엇을 하였느냐?" 하는 반성과 함께 지나간 날의 즐겁고 보람된 시간들을 나로 하여금 되찾게 하는 것은 다름 아닌 한 권의 일기장이요, 한 장의 사진이요, 혹은 여행에서 얻은 작은 기념물들이다.

여행하기를 좋아하는 사람을 보고 역마직성을 타고난 사람이라 하던가.

나도 그런 부류에 속해서 섭섭다 아니 할 사람이라는 것을 스스로 인정을 한다. 우선 내 방에 놓인 잡다한 물건들이 곳곳의 특산물이거나 기념품이고, 해가 갈수록 두꺼운 사진첩이 서가에 늘어나는 것이 여러 곳을 여행한 증거물이다.

여행길에 사진을 찍는 것은 누구나가 즐겨하는 일이지만 그곳을 기념할 수 있는 물건을 사 모으는 것이 내 취미 중의 하나다. 그래서 내 방에 놓인 물건들은 값은 고하간에 저마다 시간과 장소와 사연을 간직한 기념품들이다.

금년 한 해만을 두고 헤아려도 나는 참으로 많은 곳을 여행했다. 정월 초 출국했던 일본 여행을 선두로 설악의 백설, 속리산의 진달래, 홍도의 여름바다, 소금강의 단풍, 그리고 호남고속도로를 누비는 남원의 광한루를 지나 화엄사의 달밤, 송광사 불일암의 작설차 향을 음미하기까지 가본 곳을 다시 찾고 물어물어 초행길을 걸었다.

여행은 차를 타고 가서 목적한 곳을 다녀오는 것만이 즐거움의 전부는 아니다.

어디로 갈까? 어느 곳이 좋을까? 택하는 기쁨, 출발을 약속하고 준비에 설레는 마음, 뜻을 같이하는 사람과 동행했던 날의 희열, 여행길에서 만난 사람과의 짤막한 대화, 혹 혼자 떠나던 날의 외로움, 이런 것들이 같이 하여 여행은 더욱 즐겁고 사람들은 낯선 땅 이름난 고장을 찾아나서기에 주저치 않는 것이다.

후쿠다가의 기념품 가게에서도 북을 진 오도리코가 그려있는 작은 찻잔 하나를 샀다. 이즈의 어디를 가도 오도리코를 파는 상품천지다. 아다미에서도 예외는 아니었다. 《곤지키야샤金色夜叉》의 무대인 오미야마츠가 관광지로 각광을 받고 있는가 하면 갖가지 상품에는 주인공 강이찌貫一와 오미야お宮가 붙어 있었다.

괴테가 독일어를 훌륭한 문학어로 만들었다지만 일본인들처럼 문학작품을 상품으로 우려먹는 나라도 드물 것 같다.

한 작가의 생명이 작품에 있고 작품의 영원성은 시대를 초월하는 진리에 있을진대 이즈반도의 유가노에서 본 돌비석같이 산간 개울가에 한 점 돌비석으로 새겨두고 갈 작품을 쓰고 싶다는 욕망이 지금도 서가에 놓인 오도리코의 작은 찻잔을 보면 가슴에 넘쳐흐른다.

분수대의 단풍나무

무더운 여름날 분수대를 맴돌며 소일했다. 여름날뿐 아니라 봄, 여름 그리고 가을, 겨울 어느 때고 나는 즐겨 분수대를 돈다.

봄볕에 고양이 졸음 같은 나른한 잠이 오면 읽던 책을 덮어 두고 분수대로 나가고….

뜨거운 태양이 불쾌지수를 높이는 여름날의 오후가 되면 나는 분수대를 맴돌며 하늘로 치솟다 못해 포말져 내리는 물줄기를 즐기고 가슴 뚫리는 후련함을 느끼기도 한다.

자지러진 쓰르라미의 울음이 소슬바람을 타고 와서 다가올 가을을 재촉하는 소리도, 하늘 높은 분수대를 맴돌다 못해 투신한 고추잠자리가 둥실 떠다니는 모습도 가을의 분수대에서 볼 수 있는 풍경이다.

겨울을 준비하는 분수대는 물을 뺀다. 물을 담지 않은 분수대는 다 먹은 김칫독 같은 시멘트의 빈 그릇이지만 겨울의 분수대에는 봄, 여름, 가을 맴돌며 사려 담은 상념들이 하나 둘 여름날 하늘 높이 치솟던 분수처럼 되살아 풍긴다. 때로는 눈 녹아 담긴 잔잔한 수면에 오고간 얼굴들이 소리 없이 어리는 곳이 겨울의 분수대이다.

봄빛 부드러운 햇살, 여름 그 기나긴 오후의 대화, 때로는 멀리 비행기의 소음을 싣고 간 가을의 하늘이, 보고 싶은 사람 그리운 얼굴, 심지어는 인고의 고락까지도 실꾸리에서 실 풀려나듯 들려주고 보여주는 분수대가 좋아 나는 겨울의 분수대도 자주 맴돈다.

분수대는 또 나를 유혹하는 호사스런 화원이기도 하다.

다보록한 목향나무와 회양목으로 타원형을 이룬 분수대의 화원은 연분홍의 철쭉꽃부터 시작해서 흰 장미, 빨간 채송화, 노란 석왕꽃, 가을의 국화에 이르기까지 계절 따라 피고 지는 곳이다.

그 분수대에 서서 이 가을엔 단풍나무에 눈길을 쏟아본다.

테니스 코트의 한 구석 높다란 외등 아래 선 단풍나무는 그리 큰 나무는 아니지만 올 가을엔 사람의 눈길을 끌기에 충분한 나무로 자랐다.

봄부터 여름까지는 단풍나무도 정원의 다른 관상수들과 똑같은 잎 푸른 나무여서 특별히 눈에 띄지 않았다. 입추를 지나면서부터는 단풍나무 특유의 빛이 물들기 시작한다. 지금은 하루하루 완연히 그 빛이 달라져서 보는 사람으로 하여금 "이제 가을이구나!" 하는 영추송을 부르게 하는 나무가 바로 분수대의 청단풍나무다.

내 본시 무심한 소치로 조석으로 바라보며 밤낮으로 거닐면서도 정원에 심어진 많은 나무들을 미처 하나하나 가늠해 두지 못했다. 봄이 오면 물오른 버들을 보고 여름이면 꽃 피는 백일홍나무를 즐겼을 뿐, 미처 존재조차도 파악지 못하고 세월을 보내는 나무들이 허다히 많다. 그러나 오늘은 해 저무는 분수대에 서서 문득 가을을 느끼게 하는 나무는 동쪽으로 뻗은 가지부터 붉은 물이 들기 시작한 한 그루의 단풍나무다.

꽃도 아니면서 계절을 느끼게 하는 나무. 꽃도 잎도 다 진 그날에사 살아온 날들을 불꽃같이 잎잎이 물들이고 그로 해서 사람들에게 사랑받는 나무는 사람으로 치면 대기만성이라 할까.

자연을 즐기는 사람들은 봄이면 꽃놀이 간다 하고 여름이면 녹음을 즐긴다 하며 가을에는 단풍구경 간다 하니 단풍나무는 분명 가을나무임에 틀림이 없다.

나는 한때 정원에 나무를 심으면서 단풍나무는 모름지기 적단풍이어야 한다고 성급한 생각을 한 때가 있었다.

후일 다시 나무를 심는 날은 봄부터 가을까지 한 빛으로 피는 적단풍을 심기보다는 청단풍을 골라 심고 싶다.

가을의 그날이 오기까지 남과 같이 초연했다가 소슬한 바람이 불어오면 재빨리 받아 익힌 태양의 열기만큼 잎새에 물들이는 나무. 녹음도 보고 계절도 느끼며 그리고 마지막 잎새까지 빛깔 고운 환희를 안겨주는 청단풍나무를 나는 가꾸고 사랑하고 싶다.

어제보다 오늘이, 오늘보다는 내일이 더 곱게 더 짙게 물드는 단풍나무를 바라보면서 하루하루의 생활이 보람되고 참되게 다져 쌓이기를 기원하는 마음에서 꽃 좋은 분수대를, 바람 시원한 분수대를 봄부터 가을까지 그리고 눈 내리는 겨울날도 맴돌고 있다.

풍죽風竹을 그리며

방안에 동매冬梅가 벙그는 오후. 풍죽風竹을 그려 놓고 길동이의 퉁소 소리를 듣는다.

길동이는 내가 처음으로 좋아한 사내요, 지금까지도 못 잊어 그리는 사내다. 대숲에 이는 바람이 유난히도 스산하던 겨울날 길동이와 나는 외갓집에서 첫 상면을 했다.

그 무렵 잠시 아버지와 헤어져 살게 된 어머니를 따라 나도 외갓집에서 살고 있었다.

길동이란 이름은 외할아버지께서 지어 부르신 이름이고, 그 청년의 본명은 아무도 모른다. 이름뿐만이 아니다. 그 청년이 어디서 왔으며 어디로 떠나갔는지도 아무도 아는 사람은 없다.

그러나 길동이를 만났던 사람들은 누구나 그 애절한 퉁소의 가락을 잊지 못한다. 길동이는 고향도 모르고 부모도 없다고 한다. 부모가 없으니 이름도 성도 분명치 않다는 것이다.

길동이는 본시 뱃사람인데 바다에서 풍랑에 쫓겨 잠시 포구에 들렀다가 다른 사람들은 모두 떠나고 혼자 남게 된 것이 거짓 아닌 사실이라고 힘주어 말하곤 했지만, 어인 까닭인지 외할아버지는 길동이의 말을 전적으로 믿지 않으시는 것 같았다.

길동이란 이름도, 집도 절도 없는 놈이지만 그래도 부르는 이름 석 자는 있어야 할 게 아니냐며 외할아버지께서 최길동이라 부르신 것이다. 물론 외갓집 성이 최씨였다.

시절이 2차대전의 막바지로 농촌에 장정이 없었던 때라 길동이는 외갓집 머슴으로 눌러 살기로 약조를 했다. 길동이의 거동을 지켜보신 외할아버지께서는 “저놈은 아무리 보아도 농사일을 하던 놈은 아니다.” 하셨을 뿐, 서툰 노동일에는 역정을 내지 않으셨는데 번번이 길동이가 걱정을 듣는 것은 대를 베는 일 때문이었다.

동네 사람들이 낚싯대 하나를 주십사고 조석으로 문안을 드려도 허락지 않고, 손수 돌보며 기르시는 대나무를 길동이가 마음대로 베어내어 외할아버지의 꾸중을 듣곤 하는 것이다.

길동이가 대나무 밭에 가는 날은 먼저 숫돌에 낫을 갈았다. 그리고는 살살 대나무 밭으로 가서 이리 제치고 저리 제치다가 마땅한 것을 골라 싹둑 잘라서는 마디마디의 잔가지를 정성들여 다듬는다. 아궁이 앞에 앉아 장작불에 달군 쇠꼬치로 구멍을 뚫은 다음 창칼로 마지막 손질을 하면 하나의 퉁소가 만들어진다. 길동이는 이것을 신들린 사람처럼 불어댔다.

모닥불 사위어가는 여름밤, 댓돌 위에 부서지는 달빛 속으로 파고들던 길동이의 퉁소소리는 가을밤이면 어머니의 다듬이 소리와 묘한 하모니를 이루었다. 산촌의 정적을 깨고, 겨울밤에 부는 길동이의 퉁소소리는 눈 내리는 밤 사랑방 창살에 비치는 그림자로 그 운치를 돋우었다.

특히 달 밝은 밤이면 어머니는 "길동아, 퉁소나 불어라." 하셨는데 생이별의 아픔을 어머니는 퉁소소리로 달래려 하심을 어린 나이로도 나는 느낄 수 있었다.

길동이가 외갓집을 떠난 것은 보리타작 날을 잡아 놓은 햇볕 뜨거운 유월이다.

들밭으로 보릿단을 지러 갔던 길동이가 지게만 벗어놓고 떠나가 버린 것이다. 길동이가 아주 떠나간 것을 안 나는 자꾸만 눈물이 나서 보리밭 길을 달리며 길동이를 불렀다.

"길동아, 길동아, 어디 갔니?" 엄마에게 매를 맞으면 이제 길동이도 없고 누가 나를 업어주느냐고 목놓아 울며 찾아 헤매던 날을 지금도 나는 생생히 기억한다.

길동이는 나를 울리고 떠나버린 첫 번째 사내가 된 것이다.

그날 이후 도리깨 소리 드높은 보리타작 마당에서는 모두들 길동이가 수상한 놈이라고 본 대로 말을 했다.

길동이는 산에 가도 나무는 하지 않고 바다가 보이는 바위에 앉아 퉁소만 불더란다. 누구는 지난 번 주재소 유리창이 왕창

깨진 것은 바람 탓이 아니고, 길동이가 돌을 던졌기 때문이라고 했다. 일본 순사가 없었기 망정이지 알았으면 길동이는 잡혀갔을 것이란다. 그래서 그러는지 길동이는 길을 가다가도 순사와 마주치게 되면 숨고 주재소 근처에는 얼씬도 안 했다.

아래채에서 새끼 꼬고 짚신 삼던 일꾼들은 길동이가 삼국지를 읽어 주던 솜씨로 보아 글공부 좀 한 놈이 틀림없다는 것이다.

나뭇꾼들은 길동이가 산에서 신문을 읽고 있는 것을 몇 번이나 보았다고도 말했다.

길동이는 품앗이 일을 간다 하고 집을 나가서는 논두렁에 앉아 애꿎은 퉁소만 불어댔다. 그러니 정작 보리타작하는 날에는 일하러 올 일꾼이 없다. 꾸중이 두려워 삼십육계 줄행랑을 쳤을 것이라는 아낙들의 입방아에도 외할아버지는 한 마디 말씀이 없으셨다.

황혼이 처마 끝에 깃들자 "길동이가 무사해야 할 텐데." 하시며 외할아버지께서는 불안한 표정으로 늦도록 마당을 거니시었다. 집안사람들에게는 혹 누가 길동이를 찾거든 심부름 보낸 것으로 말하라 하셨다.

이 나라의 청년들이 강제징병으로 명목 없이 죽어야 했던 일제 말기, 정처 없이 왔다가 잠시 머물고 퉁소 하나만을 들고 말못하고 떠난 사나이-. 그 사나이가 자꾸만 그리워지는 것은 퉁소소리에 맺혔을 시대의 한恨 때문이리라.

안으로 결코 굴할 수 없는 지조를 지니고도 고향을 등지고 정처 없이 쫓기는 몸으로, 목숨을 아껴서가 아니라 그대로는 죽을 수가 없어서 때를 기다리며 한을 달래던 일제하의 젊은이. 그들을 생각하는 날이면 나는 언제나 길동이가 그리워진다.

어느 해 봄날 목포로 가던 길에 영산강 유역에 보리밭과 조화를 이룬 유채꽃 언덕을 보았다. 그 순간 길동이는 퉁소를 불며 남으로 가고, 지금은 유복한 할아버지가 되어 어디엔가 살고 있을 것이라고 생각했다. 이후 잠시 길동이를 잊은 듯 했는데, 오늘 다시 내 손으로 풍죽風竹을 그려 놓고 길동이의 퉁소소리를 듣는다.

먹을 갈고 붓을 드는 마음이야 한 점의 그림에 제호를 쓰고 낙관이 소원이다. 비록 내 평생에 낙관 한 번 해보지 못할지라도 서두르지 않고 풍죽을 그리며 먹을 갈리라.

어느 날, 누가 나에게 한 많은 날들을 어찌 지냈느냐고 물으면, 매일생한불매향梅一生寒不賣香이라는 매화를 그리기 전에, 풍죽을 그려 놓고 길동이의 퉁소소리를 듣고, 붓끝으로 댓잎을 날려 바람소리를 들으며 문방사우文房四友와 벗하는 하루해는 짧더라고 대답할 것이다.

모과주 한잔을 들고

모과주 한잔을 따라 들고 정을 부른다.

아녀자가 자작자음한다는 소리를 누가 들으면 흉잡힐 일이로되 근년에 와서 잔을 드는 일이 잦아졌다.

호박빛 모과주가 넘치는 글라스에 입술을 대고 젖어드는 향기를 마시는 한잔 술에 내 어릴 적 기억이 새롭다.

휘휘 바람이 모과나무 가지 끝에 이는 밤이면 마을 아이들은 잠을 설치기도 했다.

키가 큰 모과나무는 아이들의 푸른 꿈을 주렁주렁 매달고 기와집 중문 앞에 서 있었다. 기와집이란, 마을에 기와집이 하나밖에 없었을 때 우리 집을 부르던 이름이다.

그 기와집 주변의 밤, 감, 호도, 모과, 고염을 마음대로 주워가던 참으로 풍요롭던 시절. 나는 자주 할아버지가 거처하시는 사랑방에서 잠이 들었다.

남창을 열면 툇마루 끝에 화초밭이 있다. 화초밭 옆에 샘솟는 우물은 바가지로 퍼서 썼다. 모과나무는 이 우물을 내려다보며 하늘을 찌를 듯이 솟았다. 중문을 나서면 모과나무 아래로 뻗은 오솔길이 솔밭을 지나 고개를 넘어 역으로 간다.

날이 밝으면 지천으로 떨어진 모과들. 그러나 모과를 직접 내 손으로 주워 본 기억은 없다. 떨어진 모과는 먼저 보고 줍는 사람이 임자요, 가을이면 온 마을 사람들이 눈을 비비며 기와집 모과나무 아래를 맴돌았다.

잎 지고 난 가지 끝에 매달린 노란 모과에 석양이 물들면 아이들은 발돋움을 하고 서서

"이건 내거다."

"저건 내거다."

서로 점찍고 올려다보며 모과나무처럼 단단하고 무성하게 자라던 고향 친구들…….

어느 날 아침. 나는 그날따라 유난히 높은 할아버지 기침 소리에 잠을 깼다.

"할아버지, 어젯밤에 바람 많이 불었어요?"

"오냐. 어서 나가 보아라. 모과 많이 떨어졌을라."

할아버지께서 사랑방 문을 열어젖힌 툇마루 위에서 나는 잘 익은 모과 하나를 줍고 더없이 기뻐했다.

그날 아침 학교 가는 고갯길에서 만난 내 짝 순이가 내가 가

진 모과를 보고 "오늘 아침 너희 할아버지가 주우신 모과하고 똑같다."는 말에 나는 몇 번이나 이 모과는 툇마루 위에서 내가 직접 주운 것이고 할아버지 모과보다 내 모과가 더 예쁘다고 우겨댔다.

내게 모과를 주워 준 사람은 많지만 새댁인 숙모가 주워 준 모과는 모가 나 있었고, 늙은 머슴 김서방이 주워 온 모과는 벌레 먹고, 부엌아이 순애가 주운 모과는 떨어질 때 상처가 나고, 싫다 해도 억지로 주고 간 춘식이 모과는 덜 읽은 풋것이어서 싫었다.

그러나 차양이 넓은 사랑방 툇마루 위에 모과가 절로 떨어질 수 없다는 사실을 내가 알게 된 것은 할아버지께서 세상을 뜨신 후였다.

그 무렵의 나는 모과에는 관심이 없었다. 사랑방 툇마루에 앉아 서쪽으로 트인 하늘에 바다로 지는 저녁 해가 물들이는 그림 같은 노을을 넋을 잃고 바라보다가 문득 그리움이 사무치면 중문을 빠져나와 모과나무 아래 오솔길을 걸었다. 누군가 지금 막 나를 찾아 넘어올 듯 가슴 설레던 여고 시절. 모과나무 아래 오솔길의 추억이 되살아온다. 달밤이면 창에 비친 모과나무 그림자가 서럽도록 차갑던 사랑방을 아버지는 병약한 딸을 위해 모과 향기로 가득 채우시고.

대학을 졸업하던 어느 봄날. "허락지 않으시면 물러가지 않겠노라."는 투사형의 청년이 사주단자를 지고 기와집 사랑방을 찾아온 것도 모과나무 아래 오솔길이었다.

사모를 쓴 신랑과 족두리를 쓴 신부가 백 년을 기약하는 초례청에서 하객의 강압에 못 이겨 돌아온 교배잔에 입술을 허락한 것을 첫 경험으로. "여자도 한잔 술은 받을 줄 알아야 술 마시는 남편을 이해한다."는 지론을 내세우던 애주가인 그이의 뒷바라지에 어느덧 한잔 술이 맥주 한 병의 주량으로 변했다.

그러나 내가 모과주를 즐기는 것은 애주가여서가 아니다. 지난겨울, 모과주가 신경통에 좋다면서 오라버니가 모과주 한 단지를 담가 왔다.

할아버지와 아버지 그리고 오라버니에 걸친 삼대를 통하여 술은커녕 밀밭 근처에도 못 가는 가문에서 비록 출가외인이긴 하나 자작자음하는 여식이 생겼으니 돌연변이라 할까.

모과주가 지병인 신경통에 얼마나 약이 되는지는 모른다. 그러나 옛 사람도 '쇄우자 막약주鎖憂者 幕若酒' 라 하지 않았던가.

비록 잔을 권할 벗은 없어도 모과주 한잔을 따라 들면 나는 그래도 책을 펴는 여유를 갖는다.

부생浮生이 꿈이어늘 공명이 아랑곳가
현우귀천賢愚貴賤도 죽은 후면 다 한 가지
아마도 살아 한잔 술이 즐거운가 하노라.

선인의 독주가를 읊으니 옛 시선이 친구되어 내 옆에 앉는다.

한내로 가는 길

어머니가 광천장엘 자주 다니는 편이라면 아버지는 한내 나들이가 빈번하셨다. 소성리 사람들은 기차를 타기 위해서는 진죽이나 주포, 아니면 대천 광천역까지 삼사십 리 길을 걸어야 한다. 물건을 사고팔기 위해서는 배편을 이용할 수 있는 광천장이 편리했다. 당시의 광천장은 우리나라 삼대 시장의 하나로 교과서에 소개될 만큼 큰 규모이기도 했다. 그러나 뱃길은 물때와 연관이 있어서 걸어서 가는 날이 더 많았다. 생필품을 구하기 위해서는 겉보리 한 말을 이고도 광천장엘 가고, 능쟁이 한 구럭 잡아 메고 광천장엘 갔다. 굴 한 보시기, 닭 한 마리, 계란 한 줄 안고도 소성리 사람들은 광천장엘 가기 위해 아침이슬을 밟으며 새벽길을 걸었다. 그랬기에 인동에서는 모두 '너는 광천 쪽다리 밑에서 주워온 아이' 라고 아이들을 놀리기도 하고 고된 일을 탄식하는 여인들의 입에서는 '광천 독바위로 시집 못간 요내 팔자'를 되뇌는 소리가 자주 새어나오기도 했다.

그러나 오천면 소성리는 행정구역상으로는 보령시에 속한 곳이다. 소성리 사람들은 보령군청 소재지인 대천 즉, 한내를 외면하고 살 수는 없었다. 아버지의 잦은 한내 나들이는 관청 일을 보시기 위한 때문이었다.

소성리에 한내에서 처음 버스가 들어오기 시작한 것은 아마도 내가 초등학교에 입학할 무렵일 것이다. 부정기적으로 드나드는 버스를 눈이 빠지게 기다렸다가 동구 밖을 돌아 내려오는 버스의 경적소리에 바지춤을 움켜쥔 사내아이들이 너도나도 운동장을 가로질러 뛰어나갔다. 교문 앞을 지나는 버스의 꽁무니에 매어 달리는 것을 바라보던 기억이 그렇다.

나는 아버지를 따라서 버스를 타고 한내에 자주 갔다. 객지에서 중학교를 다니면서부터는 기차를 타기 위해서도 한내는 들러야 하는 곳이었다. 그러나 지금 내가 추억 속에 그리는 한내로 가는 길은 터덜터덜 버스가 먼지를 일으키며 자갈길을 달리던 신작로가 아니라 오빠들을 따라서 고개를 넘고 개천을 건너가던 지름길이다. 지름길을 택해서 하고개를 넘어 한내로 가던 날은 솟재집에서 출발을 했다. 솟재집은 내가 출생한 곳이고 조부께서 손자들을 데리고 사시던 집이다. 내가 초등학교를 다닌 소성리 집과는 고개 하나를 둔 거리였다.

솟재집은 명절이나 방학 때면 우리 또래의 사촌들이 모이는 집결지이기도 하다. 또래들이 모이면 철을 가릴 것 없이 과수나무들은 장대를 맞아 몸살을 앓는다. 디딜방아나 절굿공이 떡메는 불이 나도록 찧어대도 아이들은 안방으로 다락으로 대청으로 사랑으로 뛰어다니며 먹을 것 타령을 했다. 부엌을 넘보지 못하는 것은 잘못하다가는 얻어맞는 부지깽이가 매섭기 때문이다. 어른들의 눈을 피해 아래채 쇠죽 쑤는 아궁이에서 구워낸 밤이나 고구마는 전부 오빠들 몫이다. 군밤 한 쪽 얻어먹지 못해도 나는 참을 수 있었다. 그러나 한내는 꼭 따라가야 했다. 한 입 얻어먹으려고 오빠들한테 칭얼거렸다가 "그러면 너 한내 갈 때 안 데리고 간다."하고 위협하면 끝장이다. 울어봤자 헛수고다. 까닭을 아시면 할아버지께서도 "너는 아직 어리니 더 크면 가거라."하신다. 그걸 아는 나는 군침을 삼키면서도 먹고 싶은 것을 참을 수밖에 없었다.

오빠들이 한내에 가는 낌새를 알면 나는 중문 앞에 나가 지켜서야 한다. 그렇게 하지 않으면 오빠들은 무슨 꾀를 내어서라도 나를 따돌리고 달아난다. 왜 그리도 따라가고 싶었던지.

요행히 오빠들을 따라 나선다 해도 걱정은 또 있었다. 교성리 고개 아래에 있는 서낭당 앞을 지나기가 무섭다. 왼쪽으로 꼰 새끼줄을 두른 고목나무가 짙푸른 가지를 펼친 채 하늘을 가리고 서 있다. 새끼줄에 주렁주렁 매달아 놓은 오색 헝겊들은 마녀의 치맛자락처럼 나부낀다. 고목나무 위에서 울어대는 까마귀의 울음소리가 더욱 공포의 분위기를 조성한다. 오빠들은 돌을 주워 서낭당에 던지고 침을 세 번 뱉고 태연하게 걸어서 간다. 하지만 적막 속에 던져진 돌이 부딪는 소리가 소름이 끼치도록 무서워서 나는 두 주먹을 쥔 채 눈을 감고 뛰었다. 죽을힘을 다해 뛰어도 서낭당 귀신이 나를 따라와서 땋아 내린 내 머리채를 낚아챌 것만 같은 공포가 고개를 넘어 몰려오는 구름과 같이 엄습하던 곳이다.

향교의 지붕마루가 건너다보이는 주막 앞에 이르러서야 한숨을 돌리고 생각하는 것은 갑분이의 죽음에 대한 소문이다. 학교에서 떠도는 소문은 갑분이가 지금 막 지나온 서낭당에서 반지를 주워서 낀 것이 화근이 되어 시름시름 앓다 죽었다고도 하고 미쳤다고도 했다.

갑분이는 교성리에서 고개를 둘이나 넘는 산길을 걸어서 소성리까지 통학하던 소녀로 학교를 중도에서 그만두었다. 내가 서낭당 앞을 눈을 감고 뛰는 것은 무서워서라기보다도 갑분이처럼 서낭당 귀신에게 홀리지 않기 위해서다.

서낭당을 지나고 나면 한내로 가는 길은 즐거운 여정이었다. 푸른 하늘, 푸른 숲, 산모롱이를 지날 때마다 스쳐가던 바람결, 노래하는 산새, 들꽃들이 철따라 흐드러지게 피어 있었다. 가뭄에 콩 나듯 마주치는 낯선 과객이 "살펴들 가게."하고 던져주던 인사에도 정이 철철 흐르던 길. 가다가 저수지를 만나면 오빠들은 돌팔매질을 했다. 잔잔한 수면 위로 물을 차고 나는 제비처럼 수면을 스쳐 가는 큰오빠의 돌팔매질이 으뜸이다. 오빠들은 누가 더 멀리 가는가를 겨루는 것이 아니라 수면을 몇 번이나 튕겨서 가느냐에 승부를 건다. 그러나 나뭇가지에 대롱대롱 매어 달린 벌집을 맞추는 일은 사촌 오빠가 더 잘했다. 벌집을 발견하면 우리들은 먼저 몸을 피할 곳을 찾아야 한다. 멀찍이 숨어서 벌집으로 날아가는 돌을 응시하던 눈동자 그 빛. "맞췄다." 하는 외침에 윙윙거리며 따라붙는 벌 떼를 피하기 위해 고무신을 벗어들고 달리는 스릴을 도시 아이들은 모른다.

넘어야 하는 가장 높은 고개인 하고개 정상에는 눈부신 햇살이 펼쳐 놓은 서해의 풍경이 우리들을 행복하게 했다. 점점이 흩어진 섬들 사이를 나비처럼 누비는 흰 돛단배, 그것은 그대로 한 폭의 그림이다. 가슴 펴고 마시던 싱그러운 바람, 소리치던 함성, 하늘도 바다도 나무도 꽃도 새도 모두 우리들을 위해 거기 있었다. 하고개를 넘으면 면계인 갈현리가 끝나고 주포면 주교리에 이른다. 주포역을 앞에 두고 개울을 건널 때는 오빠들은 나를 업어 건넜다. 좌우를 두리번거리며 철길을 건너는 일은 시골 아이들에게는 기차를 타는 일만큼이나 즐겁고 신이 나는 일이다.

철길을 건너고 나면 주교리에서 한내까지는 신작로를 걷는다. 그 길이 왜 그리도 멀게만 느껴졌던지 걸어도 걸어도 신작로는 끝이 날 것 같지 않았다. 한내에 간다는 희망이 없었다면 관창리 신대리를 통과하는 그 신작로를 땀 흘리고 고통을 참으며 걷거나 달리지는 못했을 것이다. 한내에 입성(?)하기 전 마지막 쉬어 가는 곳은 갈머리 왕소나무 아래였다.

토정 이지함이 짚고 가던 지팡이를 꽂아 놓은 것이 소나무로 자랐다는 이 왕소나무는 이문구가 관촌수필에서 '철로와 나란히 자갈마다 뽀얀 신작로는 모퉁이를 돌았는데, 그 왕소나무는 철로와 신작로가 가장 가까이로 다가선, 잡목 한 그루 없이 잔디만 펼쳐진 펑퍼짐한 언덕 위에서 4백여 년이나 버티어 왔던 것이다.' 라고 쓰고 있다. 펑퍼짐한 잔디와 왕소나무의 그늘, 갯가에서 불어오는 바람이 지나는 길손의 발목을 잡던 곳이다. 왕소나무 옆으로는 신작로 모퉁이를 돌지 않고 한내로 가는 지름길이 있었다. 한내가 가까워질수록 우리들은 걷는 것이 아니라 달려갔다.

우리들이 한내에 가던 날은 어느 초등학교 운동장에서 면민대항 운동회나 씨름대회가 열린 날이었다.

청산青山은 나를 보고

창문을 열면 다가서는 산.

그 산을 지척에 두고도 한 해가 저물도록 등산을 가지 못했다. 내가 오르고자 하는 산은 이름이 나 있는 산도 아니요, 등산가를 부르는 명산은 더욱 아니다. 그저 내 집을 고즈넉이 내려다보고 서 있는 바위산일 뿐이다.

그러나 불광동에 집을 사게 된 것은 저 바위산 때문이라고 하여도 거짓은 아니다. 복덕방 주인의 안내로 살 집을 둘러보기 위해 현관에 들어서는 순간 거실의 창을 통해서 푸른 하늘을 받치고 선 산이 온몸으로 다가오는 것을 보고 나는 마음이 움직이는 것을 느꼈다. 그래도 나 혼자서는 선뜻 결정하기 어려운 집이었다. 산을 바라볼 수 있다는 것 외에는 아무것도 취할 것이 없는 협소한 집이다.

"어머니, 산이 가까워서 공기도 맑고 등산하시기도 좋겠으니 이 집을 사세요."하고 강력히 권한 아들의 조언이 나로 하여금 결심을 하게 한 것이다.

수년 전부터 비만과 신경통으로 고통을 느끼게 된 나는 일요일 아침이면 가벼운 등산을 해 왔다. 아들은 등산이 내 건강에 크게 도움이 된다고 생각을 하고 있었던 모양이다. 그러나 공기 맑은 곳에 살아야 하는 사람은 나보다도 과로로 몸을 해쳐서 출국을 연기하고 약을 먹고 있는 아들이었다.

약수터가 있는 산으로 가는 길도 어느 일요일 아침 아들이 앞장을 서서 인도해 주었다. 그 날은 모자가 앞서거니 뒤서거니 산길을 다정히 걸었다. 스쳐가는 바람도 싱그럽고, 계곡을 흐르는 물소리도 상쾌한 아침이었다. 약수터까지는 앞서가는 사람의 발뒤꿈치만 보고 걸어야 할 정도로 등산길은 붐볐다. 마치 도시 사람들이 산으로 산으로만 오르는 것 같아서 길은 인파로 줄을 잇고 어린아이는 아버지의 목마를 타고 산에 오른다.

약수터를 지나서부터는 길도 가파르고 인적도 한적해져서 모자가 주고받는 말소리에 산새도 노래를 삼가던 산행. 그런 산행이 그해 가을까지 계속되었다.

아들을 출국시킬 결심을 한 것도 산에서였다. "어머니, 이쪽으로 오세요."하고 내미는 손을 잡고 험한 바위를 기어오르는 나를 끌어올리는 힘, 그 힘은 곧 아들의 성장과 건강을 뜻했다.

그때 올려다본 아들의 얼굴처럼 믿음직스럽던 모습을 이전에 본 기억이 없다. 아들을 내 곁에서 떠나보낼 결심을 하던 날은 혼자가 되면 산을 더 자주 찾게 될 것이라는 생각도 했다.

유난히도 하늘이 맑게 갠 가을날, 아들은 "어머니, 등산 자주 가세요."하는 말로 하고 싶은 말을 대신하고 떠났다.

그 후 집에는 남계 선생께 청탁을 드려서 시 한 수를 써 벽에 걸었다.

탐욕도 벗어 놓고 성냄도 벗어 놓고
물같이 바람같이 살다가 가라하네.

그해 겨울은 유리창을 사이에 두고 청산靑山은 나를 보고 나는 청산靑山을 보고 살았다. 몸도 마음도 추위에 웅크린 채 산행을 할 용기를 내지 못한 것이다.

스스로 걸어서 올라가는 산은 정복자에게 용기와 희망을 주지만 바라만 보는 산은 인간으로 하여금 그리움을 자아내게 한다. 어둠 속에서 아침을 여는 산, 황혼에 물드는 산, 눈 덮인 산, 빗줄기 쏟아지면 계곡마다 폭포 되어 통곡하는 산, 때로는 능선을 넘는 바람소리까지도 그 겨울산은 그리움이 되었다.

봄에는 산이 유혹을 동반하고 손짓한다. 새싹 돋아나는 싱그러운 향기, 하루하루 마른 가지에서 나뭇잎을 피워내는 푸른 빛, 골짜기 바위틈에 피어나는 이름 없는 꽃까지도 나비를 부르고 벌을 부르고 사람들로 하여금 산을 찾게 한다. 등산길에서 호젓한 곳에 피어난 이름을 알 수 없는 풀꽃을 보는 기쁨, 그것은 마치 여인이 원하는 보석을 손에 쥐었을 때의 기쁨과도 같은 것이다. 그러나 나는 그 긴 봄날의 뜨거운 유혹에도 등산을 하지 못하고 유리창 너머로 진달래꽃 피고 지는 바위산을 바라보는 것으로 만족해야 했다.

지난여름은 너나없이 물로 해서 고통받은 계절. 육지가 바다된다 하더니 정말 물로 세상을 심판하려 했을까. 홍수 때는 바위산도 등산객을 거부했다. 평소 누워만 있는 것으로 알았던 바위들은 당장 굴러내릴 듯한 위태함을 보였고, 쏟아지는 빗줄기는 바위를 타고 내리며 폭포수가 되어 소리쳤다. 여름이 가고 가을이 와도 나는 산행을 할 여유도 시간도 갖지 못했다. 가을의 일요일은 모두 시집가는 막내딸에게 뺏겼기 때문이다. 정혼을 하고 짧은 시일 안에 결혼식을 올리는 딸을 가진 어미의 고통은 눈코 뜰 사이 없이 바쁘다는 말밖에는 달리 표현할 적절한 말이 없을 것이다. 여의는 것이 부모의 도리인 줄을 알았으면서도 딸을 시집보내고 난 어미의 가슴은 시원섭섭한 것이 아니라 무너져내린 언덕의 상처처럼 허망한 것을 나는 왜 몰랐을까.

어느 날 세검정에서 대성 문으로 오르던 산길에 장맛비에 무너져내린 계곡을 보았다. 묻혔던 바위는 솟아나고, 나무는 가지마다 부러지고 뿌리는 통채로 뽑혀 있었다. 그러나 사랑하는 사람과의 이별로 무너지는 가슴에는 그리움은 솟고 슬픔은 더욱 깊게 뿌리를 내린다. 그래서 나로부터 떠나는 것은 모두가 이별의 상처로 남는 것을 나는 혼자일 때 더욱 실감하게 되는 것이다. 두고 떠나는 것이 이별이요, 슬픔이라면 남는 것은 그리움이요, 고독 바로 그것이기 때문이다.

산은 말이 없다.

그러나 산에는 혼자 걷는 사람이 들을 수 있는 속삭임이 있다. 풀잎은 풀잎의 사연을 속삭이고, 계곡을 흐르는 물은 지나온 굽이마다 맺힌 한을 털어놓는다. 산에서는 나뭇가지를 스쳐가는 솔바람 소리도 귀에 와 속삭인다.

제각기 다른 목소리로 노래하는 산새들은 날개를 가졌지만 산을 떠나 날아가지 않는다. 이별이 슬픈 사람은 산에 가서 소리를 질러 보라. 메아리 되어 돌아올 것이다. 산은 날이면 날마다 구름을 보내고도 슬퍼하지 않는 습성을 지녔다. 내가 산에 자주 올라가지는 못해도 산을 바라만 보는 것으로도 좋아하는 까닭이 바로 이런 것에 있다. 산은 언제나 고독한 사람을 너그럽게 받아준다.

오늘 아침엔 막내딸이 남편을 따라 내달에 출국한다는 전화를 받았다. 창밖은 겨울날씨 같지 않은 포근한 일기인데도 산은 말없이 떨고 있다. 아니 산은 '모두 떠나도 나와 함께 이 땅에 살자.' 나를 유혹한다. 금년에는 산을 자주 찾게 될 것이다.

2부

신정 일기

산山 18번지

책을 읽으면 슬픔도 잊는다

그 여름날의 긴 밤

동전지갑

기분 좋은 날

그 날의 증인

가슴 설레는 아침에

그 한마디 말

신정 일기

스물세 살에 시집을 와서 지난해까지 양력설을 쇠었다.

시아버님께서 공무원이셨던 까닭으로 시집도 관사로 갔고, 정부에서 강요하는 양력설 쇠기 정책에 따라 신정에 차례를 지낼 수밖에 없었다.

내가 직장을 가진 후부터는 내 편의상 양력설을 쇠었다. 종가는 아니지만 어른을 모셔야 하는 맏며느리로서 휴일이 아닐 때 차례를 지내고 손님을 접대하는 일은 쉽지 않은 일이어서 신정 연휴를 갖게 되는 양력설에 차례를 지내고 세배 오는 친족들의 접대도 해왔다.

그러다가 우리 것을 찾자는 소리가 높아지고 음력 설날도 휴일로 정해지자 차례를 일 년에 두 번 지내는 형편이 되었다. 신정에는 하던 습관대로 음식을 장만하고 차례를 지내고 이웃 간에나 친족 간에 인사도 나누고 음식을 나누어 먹는다. 음력설날에는 또 설날대로 남들이 사가고 장만하고 하니 가만히 있을 수가 없어서 음식을 장만하면 시어머니께서는 기왕에 차린 음식이니 조상께 드리고 들자 하셔서 설 차례를 일 년에 두 번 지내는 셈이 됐다.

사실인즉, 요 몇 해 동안은 우리 집뿐만이 아니라 모두가 신정과 구정을 놓고 갈등을 느낀 시기라 해도 좋을 것이다. 신정이 아무리 일본의 식민지 정책으로 강제성이 있었다 해도 모든 일력을 양력으로 따져 생활을 하다 보니 차례를 신정에 지냄으로 해서 편리한 점도 있었다.

그리고 자의든 타의든 간에 한번 시작한 일을 바꾸기까지는 갈등과 망설임과 결단을 필요로 한다. 일 년에 설 차례를 두 번 지내는 동안 경제적 부담도 부담이려니와 많은 갈등이 있었다. 나는 설 차례는 한번으로 족하다고 생각을 하는데 시어머니께서는 두 번 다 하기를 원하시니 어쩔 수가 없었다. 그리고 차례를 잡수러 오는 분이 다른 분이 아니고 바로 내 남편이니 영혼이 정말 차례상에 와 앉는다면 일 년에 두 번이 아니라 하루 열 번이라도 지내고 싶다는 생각을 한 적도 있다. 그러한 생각은 꼭 그 사람이 그립고 아쉬워서만이 아니라 차례상에서나마 아버지를 생각할 수 있는 기회를 갖게 되는 아이들을 위해서였다.

오늘은 며칠 전 시아버님께서 전화로 올해부터는 음력설날에만 차례를 지내도록 하자 하시기에 그리 알고 가족끼리 모여 떡국만 끓여 먹고 그간 서로 격조했던 이야기를 나누고 돌아왔다.

생각에는 신정 연휴에는 잠을 실컷 자고 싶었는데 자리하고 누워도 잠이 들지 않을 뿐 아니라 왠지 허전하기만 하다.

미국에 있는 큰딸은 어제 미리 전화로 통화를 해서 저희들도 잘 있고 큰아들 집에도 별 탈 없이 지낸다 했고, 작은 딸 내외한테서는 오늘 아침 일본에서 걸어온 세배 전화를 받았으니 기특하다는 생각이다. 아직 내 곁을 떠나지 않은 막내아들이 오늘은 나갈 생각도 없이 신문에 난 텔레비전 프로그램을 열심히 읽어대는 것을 보니 오늘 하루 나와 같이 있고자 하는 모양이다.

그런데 왜 잠은 오지 않고 마음만 허전할까.

차례를 지내는 번거로움이 없으면 그만한 여유가 나에게 시간적으로 도움이 될 것이라고 생각을 했는데 아무것도 손에 잡히질 않는다.

강산이 세 번 변하고도 반이 지나는 세월 동안 해마다 해오던 일을 졸지에 그만둔 탓인가. 아니면 외로움이란 꾸중을 하는 사람이 없는 것이라는 말을 긍정해야 하는가. 젊어서는 초하룻날에 차례를 지내고 나면 아이들을 앞세우고 가족과 함께 집안 어른이나 평소 존경하는 분들 찾아가 뵙고 세배를 드렸는데 이제는 그런 분들도 작고하셨거나 멀리 계셔서 뵈올 수 없으며 아이들도 성장을 해서 각기 삶을 찾아 멀리 떠나 살고 있으니 몇 분 찾아뵈올 분이 계셔도 아녀자 혼자 초하룻날에 찾아뵙기도 어쩐지 면구스럽다는 생각이 들어 선뜻 집을 나설 생각이 나질 않는다. 전화도 마찬가지다. 그간 적조했던 친구들에게 휴일을 이용해서 전화로나마 안부라도 묻고 싶지만 초하룻날은 역시 피하는 것이 좋다는 생각이다.

정오를 넘어서야 일기를 쓰자는 결심이 섰다. 일기를 쓰는데 무슨 결심까지 해야 하느냐고 생각하는 분도 계시겠지만 나는 결심을 하고도 실행을 하지 못하는 일이 허다하다. 우선 일기부터가 그렇다. 별다른 문장 수업의 길을 닦지 않고도 수필을 쓰게 된 원인이 한때 일기를 열심히 쓴 덕분이라고 확신하면서도 글을 발표하기 시작한 후로는 일기 쓰는 일을 소홀히 해왔다.

묵은해를 보내고 새해를 맞는 정초에는 희망과 기쁨에 일기장에 기록을 하기 시작했다가도 바쁘고 피곤하고 특별히 쓸 이야기가 오늘은 없다는 이유로 하루 이틀 거르다 보면 빈 일기장만 남게 된다. 그렇게 내게서 버려진 일기장들이 많다.

오늘 결심도 장담할 수는 없는 일이다.

그러나 일기를 쓰겠다고 생각하는 것만으로도 마음이 가벼워져서 우선 책상 앞으로 다가앉았다. 책상 위에는 《무서록》이 읽다 펼쳐둔 채로 놓여 있다.

《무서록》에 수록된 글들은 1929년에 쓰인 것이 태반이다.

그해에는 나는 아직 이 세상에 태어나지도 않았었다. 그런데도 짧은 한 편 한 편의 글을 읽고 감동하고 기쁨을 느낀다. 예술의 공감은 시대를 초월하고 분단 사십 년의 이데올로기의 갈등마저도 뛰어넘는 것일까.

특히 〈나의 고아시대〉 〈조그마한 객줏집 사환〉 〈내게는 왜 어머니가 없나?〉 등에서는 어머니 그리움에 오늘의 나와 1929년의 작가가 잠시 하나가 된다. 〈나무와 꽃 속에 싸인 초목〉을 읽고는 작가 이태준은 꽃을 가꾸고 꽃을 사랑하는 사람이었다는 것을 알 수 있다. 글이 아니고서야 어찌 내가 작가 이태준의 어린 시절을 알 수 있으며 그가 마당에 가꾸어 놓은 꽃과 나무가 파초와 석류나무를 비롯해서 한련, 봉선화, 다알리아 그리고 해바라기, 무궁화까지 유월의 태양 아래 하늘거림을 알 수 있으랴. 먼 훗날 오늘의 나의 고독을 읽어 줄 사람을 위하여 나는 새로운 각오와 행복한 마음으로 일기를 쓴다.

산山 18번지

세월을 거슬러 오르면 그해는 바로 한국동란이 끝나고 휴전이 성립된 해로 내가 대전 땅을 처음 밟은 해이기도 하다. 동란으로 휴교했던 학교가 다시 문을 열고 흩어졌던 학생들이 다시 학교로 돌아왔지만 그 수는 재적수의 반도 미치지 못했고 선생님들도 돌아오지 못한 분이 태반이었다. 개학과 동시에 몇 분 선생님이 새로 채용되었는데 그 중 선생님 한 분은 총각선생님으로 '마카오신사' 라는 별명과 함께 학생들에게 인기가 대단했다.

주말을 이용해서 대전 효동에 사시는 외당숙 댁을 방문할 결심을 하기까지는 마카오신사 선생님의 영화감상 이야기가 직접적인 동기가 됐다. 대전의 어느 극장에서 보고 왔다는 영화 〈신고아라〉의 이야기는 사춘기 여학생들의 탈출을 부추기기에 충분했었다.

공주에서 대전까지는 불과 백 리도 못 되는 거리이지만 당시의 우리들에게는 마음으로 가까울 뿐 길로는 먼 거리에 있는 도시였다.

학생 전원이 기숙사에 수용되어 있는 형편에서 주말에 학생들이 외출을 하는 일은 정직하게 고해서는 허락되지 않는 불문율에 묶여 있었다.

대전에 연고가 있는 학생 셋이서 각각 그럴싸한 이유를 대고 외출증을 끊어내는 데 성공을 했으나 교통편이 문제였다. 당시 공주 대전 간에 정규 운행 버스가 없지는 않았을 터인데 우리는 반나절을 기다려서 겨우 군용 트럭에 올라타는 것을 허락받았다. 물론 차비는 무료였다. 정규 운행 버스를 이용하지 않은 것은 교통비를 절약하기 위해서였는지도 모른다. 무장한 군인 트럭을 타고 가면서도 유괴니 납치니 하는 것은 미처 생각지도 못했으니 봉고차나 고급 승용차를 잘못 타서 신세를 망치는 요즈음 세상보다야 여유가 있었나 보다.

봄빛에 반짝이는 금강의 모래사장을 왼편으로 끼고 굽이돌아 질주하는, 군용 트럭의 속력은 강물에 흐르는 구름과 함께 미지의 세계로, 왕자를 사랑한 집시의 여인 싱고아라를 찾아가는 사춘기 여학생들의 기쁨을 만끽하기에 충분했다. 그러나 트럭이 계룡산 가까이를 지나면서부터 완전무장을 하고 트럭 위에 올라와 동승한 병사 한 사람이 지고 있던 모포 한 장을 던져주며 쓰고 엎드리라고 명령을 했다. 그의 말로는 어느 골짜기에서 공비가 나타날지 모르며 또 지나는 미군의 횡포도 예방하여야 한다며 여자들은 자기의 명령에 따르라는 것이다.

얼마를 달렸을까. 어디쯤 지나고 있을까. 덜커덩 덜커덩. 비포장도로를 달리는 트럭의 요동이 시야를 가린 공포의 분위기 속에서 가슴을 더욱 고동치게 했다. 몇 번이나 양키 특유의 휘파람을 불어대는 트럭과 마주쳐 지나가는 듯했지만 모포 밖의 상황은 알 수가 없었다.

트럭이 숨차게 헐떡이며 고갯길을 오를 무렵 모포의 한끝을 열고 본 하늘은 유난히 높았고 병사의 눈은 이제 막 푸른 옷을 입기 시작한 산등성이를 응시하고 있었다. 목숨을 바쳐 나라를 지키고 국민의 안위를 위해 자기를 희생하는 남아의 모습이 그토록 믿음직스러워 보인 적은 그 후에도 없었다.

그러나 왕자가 몰래 왕궁을 빠져나와 그리워하던 여인을 만나는 환희 그 감동으로 맞아주리라고 예상했던 대전은 포격의 흔적만 남은 폐허 그 땅이었다.

물론 극장도 찾을 수 없었고 영화도 보지 못하고 실망만 안고 돌아갔다.

두 번째의 대전 방문은 배구 선수로 출전하는 기회가 주어졌을 때다. 그러나 이번에는 실망이 아닌 울분의 통곡을 하며 돌아가야 했다. 예선에서 전국 우승 후보팀과 싸워서 참패한 것이다. 기쁨, 환희, 희망 이러한 단어들은 승자를 위한 것이지

패자가 새겨둘 말들은 아니다. 대전여중에서 오랫 동안 교사로 봉직하며 운동장의 배구 코트를 볼 때마다 패자의 울분을 되새긴 것은 젊은 날의 꿈의 좌절을 만회할 기회가 다시는 주어지지 않았기 때문이었을 것이다.

세 번째로 대전을 찾아갔을 때는 결혼 일 개월 후였다. 선화동 山 18번지. 대전시가가 한눈에 내려다보이는 곳이다.

마당에는 찔레를 심고, 창포를 심어 꽃을 피게 했다. 여름이면 청포도가 익고 가을에는 마당 가득 떨어져 구르는 낙엽을 보고도 웃을 수 있었다.

마당 한쪽에 닭장을 짓던 날은 닭이 알을 낳고 알에서 병아리를 부화하여 어미닭을 키우고 어미닭은 또 알을 낳아서…. 부자가 되는 꿈도 꾸었다.

닭장을 뛰쳐나온 병아리를 종종걸음으로 쫓아다니던 첫딸 수희의 걸음이 익숙해질 무렵 아들 용화를 낳았다. 그리고 둘째딸 종희, 막내아들 정화를 낳았을 때는 가족의 출마와 낙선, 그리고 5 · 16의 소용돌이 속에서 얻은 것보다 잃은 것이 많았다.

실패는 절망을 주기도 하지만 성공의 의지를 다지는 발판이 되기도 한다. 잃은 것으로부터 값진 추억을 건져내는 것이 인간의 노력이요, 삶이다.

이별, 슬픔, 가난, 고독 이러한 말들로 대변되는 인간의 운명은 혼자서 감내할 때는 고통이지만 의지로 극복된 인간 승리로 승화되거나 예술로 승화될 때는 더 많은 청중의 갈채를 받기도 한다.

종말이 알려진 비극을 감상하기 위해 관람료를 지불하고 눈에서는 뜨거운 눈물을 쏟으면서까지도 박수갈채를 아끼지 않는 관중의 심리가 그것을 입증한다.

낙선의 고배는 가난한 정치 지망생의 아내에게 펜을 들게 하고 '가산을 탕진한 낙선의 고배' 로 어느 잡지사의 수기 모집에 당선하는 영광을 안겨 주었다. 항상 희와 비는 엇갈려 온다. 낙선의 부채를 갚기 위해 山 18번지를 떠나지는 않았다. 재기와 도전의 용기가 젊음과 함께 가진 우리들의 재산이었기 때문이다. 대전을 떠나게 한 것은 꿈을 다 펼치지 못하고 눈을 감은 남편과의 사별이다.

이제 대전을 떠나 사는 세월도 수십 년을 바라본다.

그래도 어찌 대전을 잊으랴.

식장산에 돋는 해, 목척교 아래 물장구치던 아동들, 보문산에 걸린 달, 봄이면 계룡산의 진달래 보고, 여름 한철 헤엄치던 신탄진, 겨울이면 유성 온천에 몸을 담그는 일만으로도 행복한 곳.

그곳에 나는 시간을 내어 추억을 찾아가곤 한다. 오늘도 대전으로 가는 차표 한 장을 샀다.

책을 읽으면 슬픔도 잊는다

'책을 읽어야지.' 하는 생각을 하루도 떨쳐버린 날이 없다. 글은 한 줄도 읽지 못하고 잠자리에 드는 날 이불 속에서도 여전히 책을 읽고 자야 하는데 하는 생각은 깨어 있으면서도 잠이 무엇인지, 피곤하다는 단 하나의 이유만으로 쉽게 눈을 감는다.

아침에도 형편은 마찬가지다. 눈을 떴다 하면 출근 준비에 쫓기고, 시간이 좀 남아도는 것 같은 날이 있어도 길을 가로막을 차들이 눈에 어려 일찍 집을 나서게 된다. 사무실에서는 내 스스로가 사적인 일은 자제하는 편이다. 그러다 보면은 오늘에서 내일로 미루어 놓는 책들로 내 주변은 항상 어수선하기 마련이다. 어떤 책은 몇 날씩 핸드백 속에 끌려다니며 귀양을 살기도 한다.

그러면서도 틈만 나면 책방에 가기를 소원한다. 책방에 가면 사고 싶은 책이 너무 많은 것도 고민이다. 엔화는 하늘 높은 줄 모르고 왜 그리 오르기만 하는지 일서 한 권 사자했더니 9.5:1로 계산을 한다. '이것은 다음에 사지.', '월급 타면은 또 한번 와야지.' 하고 눈 딱 감고 돌아서고 해도 큰 서점을 한 바퀴 돌고 나와 지하도 계단을 오를라치면 지갑이 텅텅 비었다는 생각에 다리가 휘청거리기까지 한다.

어렵게 차지한 시내버스 좌석에 앉아 무릎 위에 올려놓은 책의 무게를 느끼는 순간, 그 시간만은 천상의 행복이 과연 그만하랴. 비록 시내버스에 겨우 엉덩이를 붙이는 신세일망정 어느 재벌이 부럽지 않고, 엘리자벳 여왕의 왕관이 눈에 들어오지 않는 시간이 바로 그때다.

책을 볼 수조차 없는 시골에서 나고 자랐다. 책을 읽고 싶어도 책을 살 돈도, 돈이 있어도 살 책이 없던 시절에 학교 교육을 받았다. 책을 읽을 시간을 마련하지 못하면서도 책에 대한 욕심을 버리지 못하는 것은 없는 것을 갖고자 하는, 부족한 것을 채우고자 하는 부질없는 욕심일 수도 있다.

책은 마음대로 구할 수 없었다지만, 내가 다닌 학교에는 훌륭하신 선생님들이 계셨다. '책 속에 길이 있다.' 라는 말도 글을 읽기 전에 한 선생님께서 학생들에게 독서를 권장하기 위해 들려주신 말씀이다. 그러나 이 한마디 말은 나로 하여금 책을 가까이 하는 데에 도움이 되었어도 결코 내 인생을 지켜준 지주가 되지는 못했다고 생각한다.

책을 읽을 때나 읽고 난 후에라도 꼭 기억하고 싶거나 외우고 싶은 구절은 노트에 기록해 두는 버릇을 들였다. 읽는 책들이 언제라도 다시 찾아 읽을 수 있는 책이 아니고 빌려 읽는 책이니 그럴 수밖에 없었다. 그러나 내 기록 노트 어디에도 '내 인생을 지켜줄 한마디 말' 은 기록되어 있지 않다. 그것은 너무도 소중한 말씀이기에 평생을 두고 매일매일 몸으로 실천하고자 하기 때문이다. 적어도 내가 눈으로 사물을 볼 수 있는 날까지는 말이다.

재산을 탐하지 말라. 달이 차면 기울 듯 있는 재산은 없어질 날이 있고, 오늘 당장은 없어도 바른길을 가면 네가 쓸 재산은 거기에 있는 법. 어미의 뜻을 따라 내일 당장 학교로 돌아가라. 공부하는 것이 곧 네가 가야 할 길이다.

어머니가 돌아가시고 꼭 한 달째 되는 날이었다. 몸을 제대로 가누지 못하는 나에게 바로 앉으라 이르시고 외할아버지께서 내게 하신 말씀이셨다.

어머니의 작고는 나의 모든 것의 끝이나 다를 것이 없었다. 비통했다. 애통했다. 처절했다. 통곡하고 울부짖다 못해 선홍의 피를 토하고 쓰러질 수밖에 없었다. 꽃상여도 차마 고갯길을 넘지 못하고 멈추어서던 우리 모녀의 마지막 이별.

딸을 두고는 눈을 감으실 수 없다고 눈을 뜨고 숨을 거두신 우리 어머니의 가슴을 그 누가 백 년이 지나고 천 년이 지나도 좋으니 솜털만큼이라도 헤아려 드릴 분이 나 말고 또 있을까?

내 눈에는 영원히 아무것도 보이지 않을 것만 같았다. 누구의 어떤 말도 내 귀에는 들리지 않았다. 울고 또 울었다. 상청을 밝히는 촛불도 밤을 지새우다 쓰러졌다. 몸을 일으킬 기력도 필요도 느끼지 않았다. 그대로 눈을 뜨지 않으면 어머니를 따라갈 날이 멀지 않다고 생각했다. 아무도 나를 일으켜세울 사람이 내게는 없었다.

외할아버지께서는 언제나 내 편이셨다. 어머니의 무서운 회초리를 꺾어버리실 수 있는 분도 오직 외할아버지 한 분뿐이셨다. 그래서 나는 집에서 꾸중들을 일이 생기면 외갓집으로 줄행랑치곤 했다.

외할아버지 방에는 사철 간식거리가 나를 위해 준비되어 있었다. 그래서 나는 외할아버지 방을 쥐방울 드나들 듯 시도 때도 없이 드나들었는데 문지방 턱이 높은 것이 탈이었다.

그러나 나는 턱이 높은 문지방에 걸려서 넘어져도 다친 일도 없고 결코 그대로 일어나는 법도 없었다. 목청이 터져라고 소리를 지르면 질렀지 외할아버지께서 다가오셔서 '아이구 내 새끼 다쳤을라.' 하시고는 손으로 몇 번 문지방을 '요놈 나쁜 놈'이라고 내리치셔야 일어나서 울음을 그치는 꾀도 부릴 줄 알았던 것이다. 외손을 사랑하느니 방아꼬리를 귀여워하라는 말도 있는데 어찌해서 외할아버지께서는 나를 그리 사랑하셨던지.

그러나 나를 불러 앉히신 그날의 외할아버지께서는 너무도 근엄하신 모습이었다. 그래서 나는 거역할 수가 없었다.

'재산을 탐하지 말라.' 하신 말씀은 재산에 연연하여 혹여 어머니가 쓰시던 가재도구나 농토를 내가 지키겠다고 학업을 중단할까 염려하시어 하신 말씀이었는데 그것들은 내가 대학을 졸업도 하기 전에 아버지의 사업 실패로 모두 물거품이 되었다.

간곡한 청혼도 있는 터라 세 갈래 길을 놓고 뜬눈으로 밤을 보낸 나는 책가방 하나만을 들고 날이 밝기 전에 외할아버지께 하직 인사를 드리러 갔다. 그때 하신 말씀이 '책을 읽으면 슬픔도 잊을 것이다.' 하였는데 이 말씀은 나의 평생을 예언하신 말씀이 되었다. 일찍 남편까지 잃게 된 나. 책이 없었다면 나는 다시 일어서지도 버티지도 못했을 것이다. 아이들을 멀리 두고도 혼자가 아니라고 소리칠 수 있는 것도 내 곁에 읽을 수 있는 책이 있기 때문이다.

입학해 놓은 대학으로 가는 길은 새벽에 집을 나서서 삼십 리를 걷고 기차 타고 버스 타고 달려야 하는 긴 여정이었다. 사월의 바다가 절규하듯 밀려와서는 발밑에 부서지는 미명의 해안길을 눈물을 밟고 걸으며 몇 번이고 다짐한 것은 어머니의 유언대로 교사가 되겠다는 약속이었다.

그 약속을 실현하고 삼십 년을 넘은 오늘이다. 그동안 몇 번의 유혹도 뿌리칠 수 있었다. 재산이나 명예를 탐했다면 쉽게 뿌리칠 수 없는 일들이었다. 그래도 아직 다하지 못한 것이 있다.

외할아버지의 그 크신 가르치심을 이룰 만큼 책을 읽지는 않고 때때로 혼자가 외롭다고 느끼는 일이다.

그 여름날의 긴 밤

한때 견딜 수 없는 고통이라고 생각했던 아픔도 세월이 지난 어느 날 문득 돌이켜보면 고통을 이겨낸 슬기가 여담처럼 승화되기도 한다.

큰아들이 학업을 중단하고 군에 입대하겠다고 내게 조심스럽게 말하던 날부터 가슴은 상처를 입었다. 내 어찌 국민 된 의무를 수행하기 위해서 아들이 자진 입대를 하겠다는데 자랑스럽지 않을까마는 내게는 이 영광을 기쁨으로 받아들이지 못하고 슬픔을 자아내게 하는 깊은 사연이 있었다. 아들이 입대를 서두르는 진짜 이유는 사 남매의 학비부담으로 심려하는 편모의 부담을 덜어주겠다는 데 있었기 때문이다.

한정된 공무원의 봉급에서 각종 세금을 떼고 연금을 제하고 의료보험료까지 내고 나면 다섯 식구 실생활비로도 부족한데 세 아이의 대학 등록금과 고등학생 학비를 마련하는 일은 참으로 힘든 일이었다.

그러나 아이들의 교육을 경제적인 이유로 중도에서 포기할 나도 아니어서 이런 저런 대안을 제시하고 학업 중에 입대하는 것을 만류해 보았지만 이미 결심한 아들의 의지를 꺾을 수는 없었다. 더구나 저희들 사 남매가 각자의 진학년도를 조정해서 교대로 입대하기로 뜻을 모았다고 하는데 나도 더 만류할 용기를 잃었다. 그래서 아들이 입대하는 날까지의 한 달여 일을 떨어져 살던 모자가 같이 생활하기로 한 것이다.

그러나 나는 그 날부터 밤을 낮같이 뜬눈으로 새워 지냈다. 말로는 입대를 허락했지만 예고 없이 받은 마음의 충격은 쉽게 가라앉지 않을 뿐만이 아니라 잠을 뒤채는 원인이 된 것이다.

그 아이를 낳을 때 겪었던 진통을 다시 겪는 듯한 아픔을 느끼는 여름밤- 그 여름밤은 짧다고 하기보다는 더없이 길게만 느껴져서 하룻밤에도 몇 차례씩 아들이 성장하던 모습이 눈앞에 어른거렸다. 돌날 내 품을 떠나 키워주실 할머니를 따라 가느라 복건 쓰고 쾌자 입은 천진스런 모습으로 이별을 감추고 할머니 품에 안겨 잠을 자던 아이, 방학이면 집에 왔다가 할머니 할아버지의 사랑이 그리워 엄마도 직장 그만두고 서울 가서 같이 살자고 철없이 조르던 초등학생, 돌아가신 아버지가 한없이 보고 싶고, 학비를 아껴 쓰기 위해 버스를 타지 않고 학교에 가기로 결심한다고 일기장에 기록해 둔 중학생, 고등학교 때는 학원도 과외도 뿌리치고 대학에 입학한 내 아들, 그때 그때의 상황들이 기록필름처럼 머릿속을 맴돌았다.

그러던 어느 날 나는 오른팔에 심상치 않은 통증을 느꼈다. 항상 조심해 온 목 디스크로 인한 증상이 재발한 것이다. 심한 통증만 오는 것이 아니라 경련이 이는 것은 전에는 없던 새 증상이어서 나를 당황케 했다. 늘 복용해 오던 진통제 정도로는 통증이 가라앉지 않을 뿐만 아니라 오른팔을 조금도 올릴 수 없고 고개도 돌릴 수가 없는 데다 오른팔을 사시나무 떨듯 흔들어대는 경련이 잦아지면서부터는 당황했던 마음이 오른팔을 영영 못 쓰게 될지도 모른다는 막연한 공포로 변해갔다.

그 고통 속에서도 만약 오른팔을 쓸 수 없게 된다면 나는 죽는 것과 다름이 없다고 생각했다. 한쪽 팔, 그것도 오른팔을 쓰지 못하게 될 경우 일상생활이 불편할 것은 물론이거니와 그보다도 내가 글을 쓸 수 없게 된다는 것은 생각조차 해서는 안 되는 일이다.

내게 충만한 기쁨, 내 사랑, 나의 슬픔, 나의 고독을 이 목숨 다하는 날까지 글로 써야 한다. 실은 마음의 고통에서 온 불면이나 과중한 업무보다도 원고 쓰는 일에 열중한 탓으로 지병이 재발했을 가능성도 없지 않았다.

통증이 견딜 수 없게 되자 입원을 서둘렀다. 병원은 물리치료실 시설이 잘 돼 있다는 S병원을 택했다.

입원 첫 날에는 몇 가지 검사를 마친 의사가 내 목을 무거운

추가 달린 특실의 철침대에 매달아 놓았다. 병을 치료하기 위해서는 밤낮 없이 그런 모습으로 견디어야 한다.

그러나 이틀 사흘이 지나도 통증은 조금도 나아지지를 않았다. 약물 복용, 주사, 물리치료 등이 매일같이 반복되어도 차도가 없는 상태에서 나는 자꾸만 절망 속으로 빠져들어 갔다. 육신이 부자유스런 몸으로 사느니 차라리 죽어버리는 편이 낫다는 생각을 떨쳐버릴 수가 없을 정도로 심약해진 것이다. 삼복더위를 견디며 나를 누이고 일으켜세우고 하는 병구완을 하느라 초췌해진 아들의 모습을 보는 것도 괴로운 일의 하나였다. 입대하는 날까지 그간 직장인이라는 핑계로 아들을 돌보지 못했던 어머니로서의 사랑을 조금이나마 베풀어 보고자 마음먹었는데 – 아들의 얼굴에 그늘이 지는 슬픔을 주다니, 참으로 하늘도 무심하다.

병원에 설치된 철침대는 왜 그리도 소리가 잘 날까. 조금만 몸을 움직여도 "찰랑"하는 쇳소리가 나고, 그때마다 엄마를 걱정하는 아들이 잠을 깨는 것이 미안해서 밤에는 화장실에 가고 싶은 것도 참고 견디어냈다.

일주일을 치료하고 나니 경련이 멎고 정신적 고통이 가중되었다. 시일이 길어지는 입원비에 대한 걱정이 생긴 것이다. 마침 의료보험증을 발급받은 첫 해였으므로 그것이 내게 얼마 만큼의 도움을 주는지 예측할 수도 없는 형편이었다. 아들이 알아본 것에 의하면 특실료는 의료보험에 해당이 되지 않는다고 하니 입원 일자가 길어지면 길어질수록 특실료만으로도 입원비 부담이 클 것은 뻔한 사실이다. 뿐만이 아니라 제자인 간호사는 극구 아니 맞겠다는 영양제를 놓아주며 "선생님께는 특별히 좋은 약을 쓰는 것 같아요."하고 귀띔을 했다. 고민 끝에 용기를 내 일반 병실로 옮겨줄 것을 요청했더니 의료보험증이 있으니 과히 걱정하지 말고 치료에나 힘쓰라며 병원측에서 들어주지 않았다. 하기야 병원에서는 내 주머니 사정을 알 까닭이 없으니 그리 말할 수밖에, 좁은 여자 소견에 개인 병원에 입원한 것이 후회스럽기까지 했다.

이 주일을 넘기면서부터는 물리치료실에 갔던 길에 병원 이곳저곳을 기웃거릴 여유를 갖게 됐다. 하루는 이층에서 운동실이라고 쓴 방문을 열고 들어섰다. 넓은 방에는 여러 가지 운동기구가 설치되어 있고 복판에서는 십여 명의 지체부자유아가 기는 듯한 동작으로 움직이고 있었다. "옳지 잘 한다. 조금만 더 힘을 내라."며 한 처녀가 열심히 손뼉을 친다. 그 중 한 아이는 온몸을 마치 구더기 제 몸 굴리 듯하지만 조금도 전진하는 표는 나질 않는다.

나는 오랫동안 그들의 동작을 지켜보고 서 있었다. 아이가 겨우 1m쯤 처녀와의 거리를 좁혔을 때 아이를 덥석 끌어안은 처녀는 "잘했다. 참 잘했어."를 거듭 말하며 칭찬을 아끼지 않았다.

나는 눈시울이 뜨거워졌다. 인간의 삶에 대한 욕구, 싸워 이

기려는 투지 그것을 그대로 마룻바닥에 온 힘을 다하여 몸으로 기는 지체 부자유자들에게서 보았기 때문이다. 처녀는 자기는 S병원에 병설된 장애자 초등학교의 교사라고 소개했다. S병원이 물리치료실의 설비가 잘 되어 있는 것은 이들 장애아동의 치료시설로 마련되었기 때문이다.

처녀 선생 말에 의하면 그 아이가 스스로 일어나 앉을 수 있게 된 것은 일 년 전부터이고 훈련을 시작한 지 6개월 만에 하루에 1m 정도의 거리를 자기 힘으로 움직일 수 있게 되었다는 것이다. 처녀 선생도 그 아이의 투지력에는 감동하지 않을 수 없었다고 말했다.

나는 내가 부끄러워졌다. 팔 하나에 통증을 느끼는 정도를 가지고 슬퍼하고 절망하고 때로는 의사를 탓하는 무례까지를 서슴지 않은 것이 부끄러워진 것이다.

병실로 돌아온 나는 새 사람이 될 마음으로 침대에 설치된 장치에 목을 맡겼다. 실은 철침대에 내 목을 매다는 꼴이 너무 처량하고 흉하게만 느껴져서 의사의 지시를 무시하고 철저히 하지를 안 했던 것이다. 우선 병을 낫고 볼 일이지 치료비 걱정은 하지 않기로 했다.

마음이 안정되고 나니 병도 차도가 빨랐다.

삼 주간의 치료를 마치고 퇴원하는 날 아들이 들고 온 계산서를 보고 나는 내 눈을 의심했다. "퇴원 시에 일괄해서 내시지요."하고는 중간 계산 없이, 한 장에 계산된 병원의 요구액이

상상외로 적었기 때문이다. 나는 계산에 착오가 난 것이 아닌가 하고 아들을 다시 사무실로 내려 보냈다. 그러나 의료보험을 적용한 수가로 계산됐을 뿐 착오는 없다고 했다. 의료보험의 혜택을 받은 첫 경험이었다. 지금도 수시로 찾는 병원을 부담 없는 마음으로 드나드는 것은 내 핸드백에 든 의료보험증을 믿기 때문이다. 그 후 봉급에서 공제된 의료보험료를 보고 과다한 지불이라는 생각을 하지 않게 된 것은 그만한 혜택을 내가 받는 것을 인정하기 때문이다.

동전지갑

집을 나설 때마다 지니고 나가는 것 중의 하나가 동전지갑이다. 남자들은 옷에 호주머니가 여러 개 있어서 손지갑 없이도 별 불편을 느끼지 않지만 여자인 경우에는 그렇지가 못하다. 여자 옷은 호주머니 없는 것이 많아서 버스 한번을 타러 나가는 경우에도 꼭 지갑을 들게 된다. 설령 옷에 호주머니가 있어도 여자가 입는 옷은 천이 얇은 것이어서 호주머니에 동전을 넣고 다니면 달랑달랑 소리를 낼 뿐만 아니라 동전 무게만큼 옷이 늘어져서 맵시 없는 꼴이 된다.

핸드백을 드는 경우에도 지전을 넣는 지갑과 동전을 간수하는 지갑을 구분해서 쓰면 여러 모로 편리하다. 핸드백을 제조하는 회사에서 애당초 핸드백 속에 동전 지갑을 끼워 팔고 있는 것을 보아서도 동전지갑이 여자들에게 요긴한 것임을 알 수 있다. 어찌 생각하면 끼워 파는 동전지갑이 별 것 아닌 것 같은 생각이 들기도 하지만 실제로는 핸드백 판매에 크게 영향을 미친다고 판단하는 것이 옳은 판단일 것이다. 나의 경우 사려고 흥정을 하다가도 속에 든 동전지갑이 예쁘지 않아서 사지 않고 돌아선 경험이 여러 번 있으니까.

사람들의 성격은 서로 각각이어서 긴요하게 쓰는 물건에도 별다른 애착을 갖지 않는 사람이 있는가 하면 작은 물건일지라도 소중히 간직하는 사람이 있다. 나는 어떤 편인고 하면 전자에 속한다. 애착을 느끼기 전에 싫증을 내거나 아니면 잃어버리기 때문이다.

그런 내 성품에도 동전지갑 하나에 갖는 애틋한 미련만은 쉽게 버릴 수가 없다.

선물은 주어서 기쁘고 받아서 고마운 것으로 족하다. 그러나 평소 나는 그렇게 생각질 않았다. 선물을 차라리 안 하면 안했지 남에게 주는 선물이 작거나 값싼 것이면 내 체면이 서지 않는다고 생각을 했고, 선물을 받았을 때는 값비싼 것일수록 기쁜 마음이 컸다.

이러한 내 생각을 바꾸어 놓은 것이 주먹 안에 드는 크기의 동전지갑이다.

한 해의 크리스마스와 연말연시를 동경에서 보내면서 그들의 문화, 그들의 생활, 그들의 풍습을 주의 깊게 살필 기회가 있었다. 그때 보고 느낀 것은 그들의 국민성이 검소하고 절약

하는 정신과 근면한 생활태도를 가졌다는 점이었다.

그들은 남에게 선물할 때 값으로 따지기보다는 정성을 더욱 높이 친다는 것도 알게 되었다.

크리스마스 날 밤 신주쿠의 포인세치아가 화사한 커피숍에서 선물로 받은 동전지갑이 그토록 마음에 들었던 것도 그들의 이러한 풍습을 다소나마 이해하게 되었기 때문이었을 것이다.

밤늦게 불러낸 것을 몇 번이고 사과한 끝에 친구가 받아달라고 내놓은 것은 작은 가죽으로 만들어진 동전지갑이었다. 두 사람이 다시 만날 기약 없이 헤어지는 자리였기에 나는 가벼운 마음으로 오래 간직해 쓰며 당신의 우정을 잊지 않겠노라고 감사의 마음을 표현했다.

귀국 후 외국에 다녀오면 선물 때문에 고심하게 되는 체험을 나도 겪게 되어서 선물로 받은 동전지갑을 남에게 줄까도 생각했지만 그때마다 친구의 정을 다시 떠올리게 되어 차마 남을 주지 못했다. 내가 쓰고 보니 동전지갑은 가볍고 부드럽고 쓰기에 편리해서 더욱 애착이 갔다.

그러나 내 건망증은 긴요한 것도 소중한 것도 아랑곳없이 놓고 다니게 해서 탈이다. 동전지갑도 그 건망증이 빼앗아갔다. 그 섭섭한 마음을 동경의 친구에게 편지로 썼다. 답장과 함께 바다 건너 온 것은 놀랍게도 잊은 것과 똑같은 동전지갑이었다. 삼 년 전에 사 준 선물을 잊지 않고 같은 것을 사 보내 준 성의에 감탄할 수밖에 없었다.

그러나 그 감사함도 오래 가질 못했다. 또 동전지갑을 잃고 만 것이다. 요긴하게 쓰던 것을 잃어버린 아쉬움 못지않게 친구에 대한 미안한 마음이 컸다.

그러던 어느 날 바겐세일 매장을 찾아갔던 백화점에서 잃은 것과 같은 모양, 같은 색, 같은 크기의 동전지갑을 발견하고 주저 없이 사가지고 왔다. 친구를 다시 만난 것같이 기뻤다. 그보다도 우리나라에서도 질 좋은 상품이 나온다는 것이 더욱 기뻤다. 그러나 그 기쁨이 가시기도 전에 동전지갑은 실밥이 터진 곳으로 동전을 내밀었다. 사온 곳에 가서 수리를 부탁했다. 팔 때의 친절과는 달리 세 번씩이나 헛걸음을 치게 하고 네 번째 가서 찾아들고는 더욱 놀랐다. 수리한 자리를 살펴보다가 상표가 메이드인 저팬으로 찍혀 있는 것을 보았기 때문이다.

누구에겐가 배반당한 것 같은 노여움을 참기 어려웠다. 살 때 나는 점원에게 국산품이냐고 물었고 점원은 내 물음에 분명히 "네."라고 대답을 했다.

죄가 있다면 안경을 쓰지 않고는 잔글씨를 읽지 못하는 내 시력에 있다고 생각하면서도 못내 서운한 것은 손님의 물음에 성의 없이 대답한 점원의 태도다.

기분 좋은 날

이른 아침 출근길에 나서는 아낙의 동작은 전쟁터에서 기습을 당한 병사가 전투태세에 돌입하는 상황과 흡사하다는 생각을 할 때가 있다.

비상벨에 방불한 예약된 시계의 부자가 울리면 눈을 뜸과 동시에 부엌으로 돌진하는 동작으로부터 시작해서 전기밥솥의 가동에 이상 유무를 점검한 다음 끓이고, 지지고, 볶아 밥상을 준비해 놓고 아무개 그리고 여보 당신까지 어서 일어나라고 악을 써야 겨우 눈 비비며 식탁에 앉는 식구들을 볼 수 있다.

매일 같은 시간에 같은 일이 되풀이되건만 아침부터 여자의 음성이 다소 높아져야 집안이 돌아가는 것은 암탉이 알을 낳고 목청을 다듬어 꼬꼬댁거리는 이치와 다를 바 없으리라.

밥만 뚝딱 먹고 일어서서 현관을 나서는 다른 가족들과는 달리 여인은 아이들의 도시락 챙기고, 양말 손수건, 입고 나갈 옷 가지며 때로는 숙제물까지를 챙겨주어야 한다. 그런 후에야 여인은 자기를 돌아볼 수 있다.

여인이 문 밖을 나설 때 빼놓을 수 없는 것이 화장인데 세상이 발달하면서 여성들의 화장 문화도 발달할 대로 발달을 해서 넓어봤자 두 손바닥으로 가려지는 얼굴인데도 바르고 닦아내고 또 바르고 두드리고 칠하고 그리고-. 사람의 얼굴 가죽이 두껍기망정이지 얇았더라면 어찌 되었을까 싶다.

걱정은 그 정도에서 그치는 것이 아니라 화장하는 데 긴 시간을 필요로 하고 출근을 서둘러야 하는 사람에게는 그 시간이 부담이 되기도 하지만 남이 하는데 나만 안하고 버틸 수 있을까 하는 고민도 때로는 하게 되는 것이 여자다.

출근하는 여인에게 항상 문제가 되는 것은 화장만이 아니다.

화장에 못지않게 옷도 문제가 된다.

오늘은 무엇을 입을까. 날씨는 더울지 추울지, 퇴근 후 특별히 들러야 할 곳은 없는지, 색깔은 어떻게 맞춰 입을까. 모두 여인의 변덕스럽고 사치한 생각 탓이라고 말하겠지만 실제로는 아침에 옷을 잘못 골라 입고 나가서 실례가 되는 경우가 허다하다.

일기 예보만 믿고 얇은 옷차림으로 출근을 했다가 하루 종일 사시나무 떨듯 떨기만 하고 감기 걸려 고생했다든가, 모처럼 갠 하늘을 보고 화사한 옷차림으로 출근했다가 갑작스런 친지의 부음을 듣고 병원 영안실로 달려가 보면 옷차림이 남달리 뛰어나서 면구스러운 일을 당하는 경우도 없지 않다.

이러한 일들은 남이 보기엔 별일 아닌 것같이 보이나 교양 있는 사람이 예절 바른 사회생활을 하고자 할 때는 모두 생각과 시간을 필요로 하는 일들이다.

외국의 한 유명한 작가의 수필에 이러한 대목이 있다.

결핵으로 자리에 누웠던 아내가 좀 나아졌다고 생각되는 어느 날 아내를 데리고 식물원에 가려고 한다. 그러나 아내는 잠시 기다려 달라며 거울 앞에 앉아서 머리를 풀어 내리고 다시 빗기 시작한다. 남편은 마당에 나서서 추위에 떠는 이런 저런 나무들을 살펴보고 나서 창틈으로 방을 들여다보아도 아내는 머리만 빗는다.

빨리 나오라고 소리치고 나서 이번에는 다시 서재로 들어가 묵은 신문을 뒤적이다 아내의 방을 들여다보아도 아내의 머리 빗는 일은 아직 계속되고 있다. 그만 집어치우고 빨리 나오지 못하느냐고 소리를 지르니, 그렇게 큰소리로 다그치면 더 안 된다며 머리만 열심히 매만진다.

남편은 부엌을 돌아 대문 밖에 나서고 보니 지나는 사람마다 이상하게 보는 것 같아 반 마장쯤을 걸어가다가 뒤를 돌아다보아도 아내의 모습이 나타나지를 않아서 집으로 돌아와보니 아내는 엎드려 울고 있다. 너무 한다며 당신 혼자서 어디든 가라 했다.

아내를 달래서 같이 갔던 식물원에서 도토리를 주우며 즐거워하던 모습을, 아내가 죽고 그가 낳은 딸이 여섯 살이 되어 아버지를 따라 식물원에 가서 어머니가 하듯 도토리를 줍는 모습을 보고 죽은 아내를 회상한 글이다.

부부가 같이 외출하려 할 때 떠나기 전부터 충돌을 하는 일은 우리네 가정에서도 흔히 있는 일이다. 그것은 언제나 출발에 앞서 필요로 하는 시간이 남자보다 여자 쪽이 더 길기 때문이다.

밥 짓고 설거지하고 화장하고 옷 챙겨 입고 문단속하고 핸드백까지 찾아들고 집을 나서기까지는 매일 거듭되는 일이지만 그리 쉬운 일만은 아니다.

아직도 강북에 살며, 아직도 아파트를 구하지 못하고, 아직도 자가용이 없는 서민의 출근은 버스정류장에서부터 짜증을 유발한다.

시간은 자꾸 늦어지는데 기다려도 버스가 오지 않는 버스정류장에는 버스가 늦게 오는 만큼 탈 손님이 많아진다. 자가용 없는 신세가 비참해질 겨를도 없이 버스만 보면 무조건 타야 한다. 때로는 매달리기에서부터 뚫고 들어가는 묘기까지도 부리면서, 버스가 만원이다 싶으면 "안으로 좀 들어가세요."하는 운전사의 목소리가 터져나오지 않더라도 승객은 미리 짐작하고 튼튼한 손잡이를 잡든가 아니면 넘어지지 않을 대책을 세워야 한다.

버스가 만원일 때는 운전기사가 안으로 들어가라고 외치지는 않더라도 출발할 때 덜컹덜컹, 자루에 곡식을 넣을 때 많이 들어가라고 추스르듯 추슬러서 승객이 물결치듯 요동하기 일쑤이기 때문이다.

오늘은 출발이 늦어진데다가 타고 가는 버스도 만원이었다.

이런 날은 버스가 무악재 고개를 멀리 두고 기기 시작을 한다.

버스의 진행 속도가 늦어지면 늦어질수록 승객이나 운전기사의 마음은 다급해져서 그러한지 버스 안에서의 언쟁이 자주 일어났다. 부자를 눌렀느니 못 들었느니, 시비를 가리다 보면 운전기사가 개자식이 되기도 하고, 승객이 개새끼로 갑자기 둔갑을 한다.

어떤 날은 우리 민족은 흰옷을 입는 민족인데 어찌 저리도 많은 욕을 지어냈을까 하는 걱정이 앞설 만큼의 설전을 듣는 고통을 감수해야 하는 때도 있다.

이런 날은 요행이 길이 잘 뚫려서 버스가 신선한 아침 공기를 가르고 질주를 해도 승객의 마음은 우울, 바로 그것임을 운전기사들은 알고 있을 것이다.

오늘 아침 출근 버스에서도 이와 같은 일이 벌어졌다.

손님이 내리기도 전에 버스의 문이 닫힌 것이 시비의 발단이 됐다. 그런 일이 한번도 아니고 정류장마다에서 거듭되면서 승객과 운전기사와의 언쟁이 오고가는 사이에 운전은 더욱 거칠

어졌다.

무악재 고개를 넘어선 영천에서는 내리는 손님의 발이 땅에 닿기도 전에 버스가 출발을 해서 손님이 넘어지는 바람에 큰일을 당할 뻔했다. 툭툭 털고 일어선 승객이 달리는 버스를 향해 큰소리로 욕을 해대는 모습을 보던 한 부인이 동행하는 승객에게 조용한 음성으로 자기가 목격한 장면을 이야기한다.

어느 날 버스를 타고 가던 한 정류장에서 삼십대로 보이는 부인이 내리다가 긴 머리가 문틈에 낀 채로 버스가 떠나는 것을 보고, 차 안의 승객이 소리를 쳐서 차를 멈추게 해서 위기를 모면했는데 여인은 오히려 자기의 머리가 너무 길어서 실수를 했다며 화를 내는 운전기사에게 미안하다는 인사를 남기고 가는 것을 보았다고 했다.

"어디 요새 세상에 그런 사람이 다 있느냐."는 질문에 부인은 "아마 어느 초등학교 선생님이라나 봐요."하고 대답을 한다. "그러면 그렇지. 어디 그게 보통 사람이 할 수 있는 처신이우."하고 승객 한 사람이 감탄을 했다.

나는 무의식중에 그 두 부인으로부터 고개를 돌렸다. 이 비좁은 만원버스 속에서 조금이라도 남의 눈에 선생님다웁지 못한 행동을 하지 않았는지 하는 우려 때문이다.

사실 출퇴근길의 만원버스에 시달리노라면 목청껏 소리치고 싶은 때가 없는 것은 아니다. 그러나 그때마다 핸드백 속에 든 교육공무원의 신분증이 만류자가 되는 것도 숨길 수 없는 사실이다.

오늘은 특히 만원버스에 시달리면서도 조금도 불쾌하지 않는 것은 칭찬받고 존경받는 무리에 내가 속해 있다고 생각하니 그저 기분 좋은 날이다.

그 날의 증인

예고된 장맛비는 오지 않고 하늘만이 노한 듯 찌푸렸다. 매연에 싸인 고층건물의 닫힌 공간, 담배연기 내뿜는 사무실에서 원고지와 씨름하는 일은 그리 즐거운 일은 아니다.

그러나 때로는 시간을 잊고 원고지를 넘기는 날도 없지는 않다. 오늘이 바로 그런 날이다. 이 원고지들이 내 책상 위에 놓이기까지에는 상당한 시일이 필요했고 곡절도 없지 않았다.

그 달의 특집을 '나와 6 · 25'로 정하고 집필자를 선정하기까지에는 여러 가지 어려움이 있었다.

독자가 교원이라는 제한성 때문에 가급적이면 집필자도 교육과 관련 있는 분께 부탁할 생각이었다. 6 · 25 당시 학생 · 학도병 참전자, 또는 당시의 교사 · 교감 · 교장이었던 분들의 체험을 직접 본인이 집필토록 하여 잊혀져가는 6 · 25를 다시 생각해보고 안보의식을 높이고자 계획된 것이다.

6 · 25당시 학생이었거나 학도병으로 참전했던 분은 교원 중에서 비교적 쉽게 원고 청탁을 드릴 수 있었으나 교감이나 교장을 지내신 분은 추천된 분이 몇 분 안 되고 추천된 분들 중에서도 몇 분은 연세가 많으셔서 집필이 불가능한 분들이셨다.

다행하게도 6 · 25당시 교감 선생님으로 내 은사이신 분의 전화번호를 알게 되어 취지를 말씀드렸더니 쾌히 승낙을 해 주셨다. 은사님 댁에 전화를 걸 생각을 했을 때는 평소 찾아뵙지 못한 죄스러움에 원고청탁을 드리는 것이 송구스러웠지만 "오래간만이군. 반가워."하시는 건강한 음성이 전파를 타고 왔을 때에는 죄송한 마음보다 기쁨이 넘쳤다.

오늘은 그 원고들을 편집하는 날이다.

첫 번째 원고는 1950년 6월 1일 육군사관학교에 17세의 나이로 입학한 최연소 사관생도가 6 · 25가 발발하자 연병장에서 단 한 시간의 전투훈련을 받고 포천지구 전투에 투입되어 싸우다가 많은 희생자를 내고 후퇴, 다시 북진하고, 중공군의 포로가 되었다가 탈출하는 등 젊음을 조국에 바친 어느 예비역 장군의 체험기였다.

두 번째로 읽은 원고는 서두부터가 읽는 사람으로 하여금 전쟁이란 어떤 것인가를 생각게 하는 글이었다.

'전쟁터에서 싸워본 경험이 있는 사람이 한결같이 자랑삼아 하는 말은 비 오듯 쏘아대는 적의 무수한 총탄이 신기하게도 내 머리만은 비껴가더라고 하는 말이다. 그것이 그럴 수밖에 없는 것이 적의 총탄이 불행하게도 내 머리에 명중되었다고 말할 사람은 한 사람도 살아남지 못했기 때문이다.' 라고 그 글은 시작되었다. 그래서 무공훈장은 전쟁에서 살아남은 사람의 가슴에서만이 빛을 보는 것일까. 그 원고는 학도병으로 포항전투에 참전했다가 구사일생으로 살아남아 지금은 어느 고등학교의 교사로 헌신하고 계신 분의 글이었다.

세 번째 원고를 읽어 내려가던 나는 그만 "이건 사실이다." 하고 책상을 쳤다. 갑작스런 행동에 사무실 사람들은 모두 시선을 내게로 돌렸다. 조금은 쑥스럽기도 했지만 나는 하던 일을 멈추고 그때의 일을 회상했다.

세 번째 원고는 은사님이 쓰신 글로 '6월 25일 아침 뉴스를 듣자 나는 먼저 학생들의 안전을 생각했다. 직원조회 시 선생님들과 상의한 결과 버스를 대절하여 학생들을 하루라도 빨리 귀가시킬 조치를 취했다.' 로 씌어 있지 않은가.

1950년 6월 25일 정오, 나는 공주읍에 있는 한 교회에서 거행되는 배속장교의 결혼식에 참석하고 있었다. 당초에는 많은 학생들이 결혼식에 참석할 예정이었으나 이 날은 평소 허용되던 학생들의 외출을 금지시키고 조용히 기숙사에서 대기하라는 명이 내렸던 까닭에 몇 학생만이 결혼식에 참석한 것이다.

순진무구한 학생들에게는 북괴남침의 뉴스보다 배속장교의 결혼식이 더 쇼킹한 관심이어서 결혼식에 참석한 학생들은 축하의 마음보다는 호기심에 찬 눈으로 하나하나를 지켜보았다.

그러나 결혼식은 미처 군복을 벗고 면사포를 쓴 배속장교의 모습을 살펴볼 겨를도 없이 끝났다. 물론 준비해 가지고 간 학생들의 꽃다발을 드릴 시간도 주지 않았다.

“신랑 신부 퇴장.”이라는 사회자의 소리가 떨어지자 중위계급장을 단 군복의 신랑이 성큼 걸어나와 대기하고 있던 지프차에 올라타자 기다렸다는 듯이 운전병이 차에 시동을 걸었다. 이때 두 팔을 벌리고 지프차 앞을 가로막은 사람은 무남독녀를 시집보내는 신부의 아버지였다.

이튿날 아침 운동장 조회에 모인 학생들 앞에는 신부 아닌 군복 입은 배속 장교가 부동자세로 서 있었다. 신랑은 간곡한 신부 아버지의 청으로 첫날밤을 보내고 새벽에 소속 부대가 출동한 전선으로 떠났다는 것이다.

그것은 곧 전쟁 상황이 심상치 않다는 이야기이기도 했다.

27일에는 등교를 알리는 기숙사 방송을 통해 학생들은 자기 소지품을 잘 정리해 두고 간단한 차림으로 귀가준비를 하고 신속히 학교 운동장으로 집합하라는 지시가 내려졌다. 운동장에서는 교장 선생님의 몇 가지 당부 말씀이 있었다.

특히 상급생은 동생들을 잘 보살피고 하급생들은 조심할 때니 만큼 무사히 귀가할 수 있도록 상급생의 지시에 잘 따르라는 말씀이었다.

버스에 오르는 학생들은 선생님께 작별 인사를 드리면서 눈물을 닦기도 하고 다정한 친구끼리는 서로 작별을 아쉬워하기도 했지만 그것은 어떤 친구와는 영이별일 줄을 꿈엔들 생각이나 했으랴.

우리들이 탄 버스가 종착역인 예산역에 도착했을 때 내가 타야 할 하행선의 마지막 기차는 온통 피난민으로 뒤덮여 역에서 200여 미터 떨어진 지점을 달려가고 있었다.

발을 동동 구르는 우리를 보고 내일도 기차는 탈 수 없다는 말을 역무원이 들려주지 않았어도 나는 그토록 절망하지는 않았을 것이다. 그때 절망했던 그 심정을 무어라 표현할까.

나를 시골 역에 버려두고 석양 속을 달려가던 그 마지막 기차를 나는 지금도 원망을 한다.

하룻밤을 친구 집에서 묵고 새벽길을 떠나는 선배 언니는 지름길은 호젓해서 위험하니 신작로를 걸어가자고 했다. 날이 밝자 교복을 벗고 허술한 옷을 입게 하고 단정히 맨 갈래머리도 풀도록 했다.

가지고 가는 짐은 보자기를 느슨하게 매서 머리에 이고 이마를 가려서 얼굴을 알아볼 수 없게 하고 아무도 이러한 행색의 우리를 여학생으로 볼 사람은 없었다.

길을 가다가도 후퇴하는 미군트럭이 지나는 요란한 소리가 나면 선배 언니는 내 손목을 잡고 남의 집 헛간이든 과수원 나무 밑이든 잠시 피했다가 걷기를 거듭했다. 나는 왜 그래야 하는지 알지 못하는 어린 나이였으나 선배 언니의 말을 잘 들어야 무사히 집에 갈 수 있다고 생각하고 있었다. 가장 고통스럽던 일은 온종일 걸어서 발은 부르트고 가야 할 거리를 짐작할 수 없을 때였다.

집에까지 40리를 남겨 놓고 선배 언니와 헤어져야 했을 때 우는 나를 달래며 "전쟁이 곧 끝나면 학교에서 다시 만나자."고 약속한 사람은 나 아닌 선배 언니였다.

그러나 휴전 후 다시 등교한 교정에서는 선배 언니의 모습은 영원히 찾을 길이 없었다.

6 · 25로 교사는 부서지고 기숙사는 전소하고 세 학급이었던 동기생은 한 학급의 수만 다시 모여 공부를 하고 졸업을 했다.

우수한 두뇌와 꿈을 가지고 향학열에 불탔던 꽃다운 나이의 젊은이들이 전쟁이란 공포 속에서 피지도 못하고 꺾인 것이다. 전쟁으로 잃은 것이 어찌 그뿐이랴. 그리고 그 깊은 상처는 아직 아물지 않았다. 37년의 세월로도 그 상처만은 아직 치유치 못한 것이다.

가슴 설레는 아침에

정묘년의 새아침이 소리 없이 밝았다.

새해를 맞는 마음으로 열어젖힌 창으로 불어오는 바람이 어제의 그것이 아닌 정묘 새해의 바람이다.

거실의 커튼을 열면 조석으로 대하던 산이건만 오늘따라 차가운 아침 한기를 비켜 도사리고 선 모습이 더욱 의연해 보인다.

바위는 바위끼리 나무는 나무끼리 다소곳한 인사를 나누는 것처럼 보이는 것은 바라보는 사람의 마음의 눈일 것이다.

이렇듯 가슴 설레는 아침에 나는 무엇을 할까.

정월 초하루는 세월 따라 해마다 오는 약속된 날이지만 나에게는 언제나 조심스럽기만 한 날이다. 첫 단추를 잘못 끼우면 마지막 단추도 잘못 된다는 생각에서 초하룻날 아침은 나를 긴

장케 한다. 대문을 들어서는 첫 손님이 남자이기를 바라고, 행여 제사상에 소홀함이 있을까 마음쓰이며, 여러 식구 모인 자리에 혹여 아이들끼리라도 큰소리나고 다툼이 있을까 조심하고, 그릇 다루다가 기름기 묻은 손 탓으로 아차 하는 순간에 깨지면 죄 지은 것 같고, 과일 껍질 흩어지고 먼지일지라도 비로 쓸어내면 들어오는 복이 되돌아나갈 것만 같은 생각에 하루에 집안을 쓸어내지 않고 지나는 날이 바로 정월 초하루다.

이러한 염려들을 내 머릿속에 누가 심어주었는지 꼭 집어 말할 수 없으면서도 부질없는 생각이라고 지워버리지도 못하고 한 해 또 한 해 정월을 맞이한다.

일 년 삼백육십오 일을 살아가는 마음가짐이 정월 초하루와 같다면 어쩌다 실수를 해도 큰 실수는 하지 않을 것이고, 서로 이해가 상반되어 다툼이 일어도 큰소리는 나지 않으련만.

하루를 살아도 마음 편히 행복하게 살자는 것이 인류의 소망이 아닌가. 정묘년을 맞이하여 흑자 새해를 여는 경제안정 속에서 토끼털처럼 포근한 삶을 누리고자 하는 것은 우리 모두의 기원이다.

그러나 인간은 절해고도에서 혼자 사는 몸이 아니다. 달나라에 로켓이 착륙하는 시대라지만 아직은 인간이 무리를 지어 땅위에 살고 있다. 그것도 거리마다 사람과 사람이 부딪치고 고속화도로에는 자동차의 행렬이 교통체증을 연출하는 사회에서 사람과 사람끼리, 혹은 이웃 사이가 믿음보다는 불신이 짙은 오늘을 우리는 살고 있다. 인간이 사랑하고 미워하고 때로는 주고, 때로는 뺏고 하는 것도 혼자 살지 못하고 더불어 사는 사회 속에서 생활하는 까닭이 아니겠는가.

그러기에 인간은 스스로를 생각하는 동물이라 표방하고 자제할 줄 아는 슬기를 갖는 것이다.

인간은 가는 세월을 잡지 않는 대신에 스스로를 다스릴 줄 안다.

인간은 오는 해를 막지 않고 미래를 설계한다. 미래를 확신하고 미래를 꿈꾸고 그리고 미래를 설계하는 사람은 오늘 하루를 성실하게 살아갈 수밖에 없다.

내일 죽더라도 오늘 사과나무를 심겠다는 사람은 먼 훗날 사과나무의 결실을 확신하는 사람이다.

부모는 자식을 낳아 기르지만 교직자는 우리의 미래를 짊어질 2세를 교육하는 사람들이다. 교육은 오늘 내가 심는 나무에 먼 훗날 훌륭한 열매가 맺힐 것을 확신하는 일이다. 그러나 확신 그것은 자기 마음에 기준과 믿음이 없이는 항상 흔들리는 초점에 지나지 않는다. 토끼같이 덤벙거리며 뛰다가는 결승점을 잃어버리기 십상이다.

그래서 뜻이 있는 사람들은 새아침을 맞이하는 설레는 마음으로 한 해를 보낼 각오를 다지기도 한다.

두 눈을 뜨고도 세상을 바로 보지 못하는 실수는 없어야 하겠다.

불꽃 같은 사랑으로 맺어지는 인연은 없어도 마음 뜨겁게 베푸는 일에 인색하지는 말자. 건강하게 일하는 보람을 갖자.

사람마다 다지는 각오는 다를지라도 한 해의 평안을 기원하는 마음은 간절하다. 그래서 어느 수도자는 자경문을 이렇게 책 속에 새겨 두었다.

자기에게

게으르지 말자
성내지 말자
뽐내지 말자
초조하지 말자
낙심하지 말자
거만하지 말자.

그 한마디 말

승용차를 내린 지점에서 다시 시내버스를 탈 생각이었다.

그러나 버스를 기다려야 한다는 마음의 여유가 전깃불을 휘황하게 밝히고 슈퍼마켓이란 간판을 내붙인 건물 안으로 사람을 사정없이 끌어들였다.

출입문에 나붙은 '맛김 1,000원'이란 글씨가 하루 일을 마치고 돌아가는 사람들의 군침을 돌게 한다. 슈퍼마켓 안에서는 갖가지 상표를 단 낯익은 얼굴들이 올망졸망 모여 앉아 손님을 기다린다.

슈퍼마켓이란 원래 셀프서비스 방식으로 인건비를 절약하여 싸게 파는 곳으로 상품으로는 식료품을 비롯하여 가구나 일용품까지도 파는 규모가 큰 가게를 말한다.

그러나 우리나라에서는 근년에 와서 도시의 큰 백화점이나 시골집 한 귀퉁이에 차린 구멍가게까지도 '슈퍼' 혹은 '슈퍼마켓' 이란 이름이 붙게 됐다.

그 이름도 가지가지여서 사람의 이름이나 지명을 따서 무슨 무슨 슈퍼 또는 슈퍼마켓이란 이름을 붙였는가 하면 미니슈퍼라는 간판도 자주 눈에 띈다. 미니슈퍼, 슈퍼, 슈퍼마켓의 구별에 어떤 기준을 두는지는 알 수 없지만 슈퍼라는 말이 구매자에게 주는 이미지가 '싼값' 이라는 것은 틀림이 없는 것 같다.

슈퍼나 슈퍼마켓에서는 자기가 사고자 하는 물건을 한곳에서 마음대로 골라 다소 싸게 살 수 있다는 이점이 있다.

그러나 우리들이 어려서 눈깔사탕이나 풀빵을 사먹기 위해 드나들던 구멍가게에서 느끼던 인정 같은 것은 돈을 주어도 팔지도 않고 살 수도 없는 곳이 슈퍼마켓이다.

어쩌다 손 안에 동전 몇 푼이 쥐어지면 달려가던 곳이 동네의 구멍가게가 아니었던가. 그곳에는 간판이 없어도 영이네 가게, 철이네 가겟집으로 마을 사람들에게 통했다. 휘황찬란한 전깃불은 없어도 주인이 손님을 반기는 환한 웃음이 있었다. 선심쓰듯 나붙는 세일이 냉철히 생각하면 정찰제로 표시된 자유 선택의 거래 장소인 슈퍼마켓에서 바쁜 종업원에게 필요 이상의 말을 건네는 것이 실례가 되는 일인지도 모른다. 그러나 작은 물건을 사면서도 크고 깊은 인정을 바라는 것이 사람의 본성인 것을 어쩌랴.

'맛김 1,000원' 이라고 나붙은 글씨에 구미가 당겨 들어선 슈퍼마켓에선 도시락용 김은 없다고 했다. 그런 대로 슈퍼마켓 안을 한 바퀴 돌고 나오는 손은 많은 물건들을 집어들었다.

계산대에서 물건을 싸주던 남자가

"어디서 오셨어요?"하고 묻는다.

"왜요?"하고 나는 되물었다.

"물건 사실 것 있으시면 저희 슈퍼로 오세요. 같은 물건이라도 저희 슈퍼 것이 더 맛이 있어요."

나는 그저 가벼운 웃음을 건네주었다. 다시 들릴 수 있는 곳이 아니었기 때문이다.

짐이 무거워서 버스를 타려던 당초의 생각을 바꾸어서 택시를 잡아탔다. 운전기사에게 갈 곳을 말하고 나니

"같은 물건이라도 저의 슈퍼 것이 더 맛이 있어요."

하던 말이 내 마음을 흐뭇하게 한다. 처음 만난 사람의 의례적인 인사, 오늘 같은 우연이 아니고는 다시 찾아갈 까닭이 없는 슈퍼에서 들은, 그것도 따지고 보면 극히 모순된 한마디가 나를 왜 이렇게 기쁘게 할까.

오늘은 내 네 번째 수필집인 《추억의 트럼펫》을 출판하여 들고 가는 길이라서 더욱 기쁜 마음인지도 모른다. 책을 한 권 써서 출판하는 일을 산고에 비유해서 말하는 경우가 있는데, 힘이 들고 어려운 작업이기에 이루고 나면 기쁨도 그만큼 크다.

이러한 날이면 내가 기억해내는 선생님이 계시다. 그 분은 사범학교 일 학년 때 국어를 담당하셨던 분이시다.

어느 날 수업에 들어오신 선생님은 학생들에게 각자 집으로 보내는 편지를 쓰라고 하셨다. 읍내에 집이 있는 몇 학생을 제외하고는 전원이 학교 기숙사에 들어 있으니 집에 편지를 쓰는 일은 학생들에게 꼭 필요한 일이었다. 지금같이 동전만 가지면 쉽게 걸 수 있는 장거리 전화가 있는 시대도 아니고 일반 전화마저 흔하지 않았던 터라 집에 연락할 수 있는 방법은 오직 편지뿐이었다.

시간이 끝날 무렵 선생님은 다 쓴 학생은 손을 들게 하고 차례로 일어나서 읽도록 하셨는데 그 중에 나도 끼어 있었다.

'아버님 전 상서' 로부터 시작된 편지 사연에는 용돈이 떨어졌으니 돈을 빨리 부쳐 주십사 하는 대목도 있어 여러 사람 앞에서 읽기가 부끄러워서 소리를 낮춰 읽다가 선생님께서

"크게 읽어. 학생들이 다 들을 수 있게."

하고 꾸중을 듣기도 했는데, 읽고 난 후에는 어인 일인지

"응, 참 잘 썼다."

라고 칭찬을 해 주셨다.

지금 생각해도 문장력이야 어찌됐든 간에 돈이 떨어져서 용돈이 필요했던 절실함과 처음 부모 곁을 떠나서 생활하게 된 그리움이 간절한 사연으로 표현되어 선생님의 마음을 움직였을 가능성도 없지는 않다. 또 한편으로는 선생님의 의례적인 표현일 수도 있다.

그러나 나는 그 후 선생님의 그 한마디 말씀에서 글을 쓰는

일에 자신을 갖게 되었고, 지금도 내가 쓴 글로 해서 칭찬을 받는 날은

"응, 참 잘 썼다."

하고 칭찬해 주신 선생님의 목소리를 다시 듣는다.

선생님의 칭찬의 말씀 한마디가, 평생 글 쓰는 데 대한 긍지를 갖게 하고, 일면식도 없었던 슈퍼에서 물건을 정성껏 싸주던 남자의 다정한 한마디 말이 내게 피로를 잊게 하고 용기와 기쁨을 주는 것이라면 낸들 어찌 남을 위한 한마디 칭찬의 말에 인색하랴.

3부

연민의 정

천지에서

화장을 하며

현장 중계

사진 속의 주인공

상처 입은 무명지

공든 탑

시비詩碑 앞에서

연민의 정

선생님,

연극을 보고 왔습니다. 참으로 오랜만에 연극무대와 마주앉는 기회였습니다. 〈돼지와 오토바이〉 그런 표제의 연극을 보았습니다.

무엇을, 어떤 것을 보았느냐가 중요한 것은 아니지요. 저도 압니다. 무엇을 느꼈느냐가 더 중요하다는 것을요.

실은 연극을 볼 생각을 스스로 한 것은 아닙니다. 소극장 개관 초대권을 받고 감사하는 마음으로 일요일의 오후 전철을 탔습니다.

처서가 갓 지난 계절답게 내 품에 안긴 실국화는 전철 안에 가득 그 향기를 뿌렸습니다. 그런데도 전철 안 사람들의 눈길은 내 국화꽃에 와서 머물지 않고 맞은편 의자에 책상다리를 하고 앉은 한 여인의 짧은 치마 속으로 기어들었습니다.

그러나 내가 시선을 보낸 곳은 그 여인의 짧은 치마가 아니라 머리에 쓴 모자였습니다. 올 들어 여자들이 다양한 모자를 즐겨 쓰는 것이 유행하는 듯싶습니다. 그 여인이 쓴 모자는 시쳇말로는 무엇이라 하는지 알 수 없고 내 기억 속에는 2차 대전 당시 일본인들이 '센또보(전투모)'라는 이름으로 국방색 천으로 만들어 쓴 것을 보았고, 우리나라에서는 70년대의 새마을운동을 시작하면서 푸른색으로 유행하던 모자와 같은 것이었습니다.

다른 점이라면 전에는 어른들이 목적을 내세워 썼고 요즈음에는 주로 청소년층이 멋으로 앞으로만 차양이 솟아난 모자를 쫄바지나 짧은 바지에 발목이 높은 구두나 운동화를 신고 남자보다 여자들이 즐겨 쓰고 다니는 것을 볼 수 있습니다.

짧은 치마를 긴 티셔츠로 덮어 입고 차양 달린 모자를 눈썹까지 눌러쓴 모습을 오늘 처음 보는 것은 아니었는데 전철 안의 그 여인이 자꾸 내 눈길을 끄는 것은 말꼬리같이 긴 머리가 모자 뒷부분에서 솟아난 듯 흘러내려 고개를 좌우로 흔들 때마다 출랑대기 때문입니다. 저렇게 숱이 많은 긴 머리를 어떻게 모자 속에서 뽑아냈을까 하는 것이 내 의문이었습니다.

그러나 그것도 알고 보면 간단한 방법이 있었습니다. 모자 뒤에는 쓰는 사람의 머리통에 맞게 조절할 수 있는 끈이 있어서 이 끈을 이용해서 머리채를 모자 속에서 뽑아낸 것을 알 수 있습니다. 모자를 그냥 머리 위에 덮어 쓸 줄만 알던 우리와는 다른 젊은이의 기발한 착상이라고 느꼈을 때는 이미 전철은 안국역에서 나와 그 여인을 갈라놓은 후였습니다.

선생님도 아시지요.

북촌 창우극장이 문을 연 사실 말입니다. 그곳에서 개관기념으로 〈돼지와 오토바이〉가 공연됐습니다. 물론 연출은 허규 씨가 맡았습니다. 그러면 초청장을 보낸 분이 박 시인이라는 것도 짐작하실 겁니다.

연극은 예고된 시간에 막을 올렸습니다. 먼저 등장한 남자역 배우가 꽤 괜찮게 생긴 미남으로 보이는 인물이었습니다. 연기도 잘 하고 음성도 관객의 귀를 모으기에 적합했습니다. 그렇다고 꾸밈이 드러나는 분장이나 차림도 아니었습니다. 무대 위에는 라디오가 놓인 책상과 허술한 침대, 그리고 의자 하나 그것이 무대장치의 전부였습니다.

소극장은 무대와 관객 사이의 공간적 거리가 가깝다는 것뿐만이 아니라 꾸밈이 없는 연기자와 관객이 동질성으로 느껴지기 때문에 관객도 마치 자기가 무대의 주인공인 양 빠져드나 봅니다.

남자역 배우가 독백으로 시작한 장면에서 갑자기 여배우의 음성이 막 뒤에서 튀어나온 것은 관객의 호기심을 자극하기에 충분한 극적 전환이었습니다. 이때 나는 무대에 등장하는 여주인공의 모습을 보고 순간적으로 눈을 감을 수밖에 없었습니다.

객석에 불빛이 비쳐지지 않은 것은 나로서는 천만다행한 일이었습니다.

거침없는 대사와 함께 무대로 튀어나온 여주인공을 보는 순간 '저런…… 어쩌나' 하는 생각에 얼굴이 홍당무가 됐으니까요. 하마터면 소리칠 뻔한 것을 자제력을 동원하여 꿀꺽 삼켜 버렸습니다. '저런 ……저럴 수가' 하고 입밖으로 내뱉었다면 주위의 관객들은 무대를 보고 웃는 것이 아니라 나를 보고 웃었겠지요.

선생님,

글쎄 여주인공이 욕탕에서 갓 나온 팬티차림으로 무대 위에 나타났습니다. 침대에 벗어 놓았던 청바지를 주워 입는 장면이 나를 그렇게 당황하게 했습니다. 그러나 바지를 입는 사람은 관객의 시선을 잊은 듯 자기 집 안방에서와 같이 너무도 태연했습니다. 하기야 전철에서 책상다리를 하고 앉았던 여인의 속살도 그만큼은 보였지만 쏘아보는 뭇시선에도 여인은 다리를 바로잡을 생각은커녕 무엇이 보이나 볼 테면 보라는 태도였으니까요. 갈고 닦아 무대 위에 선 여주인공의 연기야 자연스러울 수밖에 없겠지요.

연극이 끝나고 관객들의 박수가 우렁차게 울려퍼진 후에도 나는 쉽게 자리에서 일어설 수가 없었습니다. 좁은 공간, 단순한 무대, 단 두 사람의 등장인물 그것이 연극이 보여준 전부였는데. 또 다른 것을 말한다치면 한 사람의 여주인공이 연인, 아내, 간호원, 법관 등 이 모든 역할을 의상의 변화와 소도구 또는 조명만으로 잘 소화해냈다는 사실입니다. 막을 여닫는 차단적인 시간이 없으니 연극은 흐름의 끊임이 없고 관객에게는 숨을 돌리거나 한눈을 팔 여유도 주지 않았습니다. 연속되는 변화와 숨막히는 긴장감 속에서 배우들의 유창하고 능숙한 대사는 관객을 매료시키기에 충분했습니다. 연극의 예술성은 옷을 벗는다는 데서 느끼는 것이 아니라 각본의 작품성, 연출의 우수성, 배우의 연기력이 관객의 가슴에 와 닿을 때 감동이 온다는 것을 알았을 때 나는 자리에서 일어섰습니다. 국화꽃은 박 시인에게 감사와 축하의 뜻으로 전했습니다.

돌아오는 길은 버스를 탔습니다.

일요일의 서울 거리는 버스를 막힘없이 주행하게 합니다. 굳게 닫혀 있는 거리의 상점들이 지난 세월을 가두어 놓은 듯 말이 없는데도 들리는 소리가 있습니다. 연극을 본 감동이 아직 남아 있는 탓일 것입니다.

"학교에서 연극을 공연하는데 주인공역을 맡아주어야겠어." 하시던 선생님의 말씀을 기억합니다. 그 각본에는 아직 옷을 벗는 장면도 없었는데 연습 때 선생님께 여러 번 꾸중을 들은 탓인지 무대공연이 쉽지 않은 고역이었다는 단순한 추억만 지금까지 간직하고 있습니다.

선생님은 원작자가 공산권 사람이라는 이유만으로 당국에서 공연허가가 나오지 않아 막을 올리지 못한 것을 못내 아쉬워하셨습니다. 6 · 25의 상처가 채 아물지 않은 시기였으니 그럴 만도 합니다.

버스가 종착지에 가까이 와서야 비로소 연극이 끝나고도 자리에서 선뜻 일어서지 못한 것은 감동보다는 젊은 날 태우지 못한 연극에 대한 연민의 정이 어딘가에 자리하고 있었기 때문임을 깨달았습니다. 선생님.

천지에서

오! 천지.
찬란한 햇살
눈부신 아침
수면에 피어오른
오색빛 무지개를 본다.

여기가 진정 태초의
배달민족의 터전
옷깃 여미고 두 손 모아
하늘을 우러른다.

통일되게 하소서-

백두산 천지 앞에 서는 순간 그 찬란한 모습에 감동하여 마음속에 읊조린 노래다. 그 순간의 감격을 어찌 다 글로 표현하랴. 그러기에는 사람은 아둔하고 붓끝은 너무 무디다.

아무리 인간의 두뇌가 20세기의 첨단을 달린다고 해도, 창출할 수도 발명할 수도 없는 자연의 신비가 백두산 천지 그곳에는 서려 있었다.

7월의 아침 햇살이 잔잔한 수면에 띄우는 5색빛 무지개. 그 찬란하고 장엄함에 넋을 잃을 뿐 천지에는 국경도 분단도 없다.

누가 천지를 비취빛이라 하는가. 천지에는 천지의 빛이 있을 뿐이다.

꿈이 아니기를 확인이나 하듯 가슴을 펴고 숨을 깊이 들이마셨다. 다소 한기가 느껴지는 상큼한 공기가 폐부에 닿는 순간, 내가 눈 뜨고 천지 앞에 찬란한 빛과 함께 서 있음을 비로소 실감했다.

백두산 천지는 7월의 날씨에도 영하 4도까지 기온이 내려가는가 하면 갑자기 거친 바람이 사람도 지프차도 날려버릴 듯이 분다. 때로는 안개나 구름으로 천지를 뒤덮는 심술을 부리기도 하는 날씨의 변화가 많은 곳으로 1년 중에 밝은 천지를 볼 수 있는 날은 그리 많지 않다고 한다.

하느님이 보우하사 우리나라 만세.

수백 번 수천 번 아니, 수만 번도 더 불렀을 애국가다. 때로는 목이 터지도록 소리 높여 부르고, 때로는 목이 메어 부르다가 눈물짓기도 했다.

동해는 그리울 때 달려가서 덤벙 몸을 담그기도 하고 파도치는 백사장도 거닐고 배 띄워 동으로 동으로 울릉도까지도 가보았다.

그러나 백두산은 우리 민족의 뿌리인 산임에도 분단의 아픔을 안고 꿈에서나 그리는 산이었다. 그러기에 남북 이산가족이 북에 두고 온 가족을 살아생전 만나기를 기원하듯 나도 백두산 그 정상의 천지에 오르기를 소망했었다.

그 꿈을 실현한 것이다. 찬란한 아침이 열리는 91년의 7월에.

김포공항을 출발해서 천지 앞에 서기까지는 나흘이 걸렸다. 죽의 장막은 걷혔어도 중국은 대문을 활짝 열지 않은 형편이어서 중국과 우리나라가 직항로를 개설하면 김포에서 상해까지 한 시간 반이면 날아갈 수 있는 거리를 일본으로 돌아서 가느라 하루를 소비했다.

상해에서 장춘을 거쳐 연길에 가기까지는 비행기로 하루, 연길에서 백두산까지는 버스로 일곱 시간이나 가는 거리다. 마지막 코스를 약 30분쯤 지프를 타고 오르는데, 표를 파는 곳에는 장백산 입구라고 쓰여 있다. 백두산을 중국에서는 장백산이라고 부르고 우리가 중국 쪽으로 오르는 백두산은 이미 중국과 북한의 협정으로 중국이 관리하고 있기 때문이다.

백두산뿐만 아니라 장춘, 심양, 하얼빈 그 북만의 땅이 모두 우리의 선조 고구려의 땅이었거늘 우리 땅 우리 산을 오르는데 남의 나라 차를 타고 비디오, 카메라를 소지하지 말라, 태극기를 펼치지 말라, 만세를 부르지 말라는 등의 사전 주의를 받는 것은 참으로 가슴 아픈 일이다.

우리 동포의 자치주로 교포가 많이 사는 연길에서 백두산까지 가는 길에는 용정 · 일송정이 있던 곳, 해란강 · 청산리 전투 인접지 등을 거쳐 가는데 초가집 풍경이 눈길을 끌어 우리 조상의 삶터였음을 실감하게 한다.

중국 사람들의 성격이 느긋한 탓인지 버스는 속력을 내지 않고 일곱 시간을 굴러가고, 백두산 가는 길에는 아름다운 야생화가 다투어 피었고 가도 가도 끝이 없을 것 같은 수림이 열병하듯 지켜 서 있다.

나뭇잎에 부는 바람에서 광야를 달리던 조상의 숨소리를 듣는 듯하다. 피어난 나리꽃이 정다운 것은, 천지에는 국경선도 38선도 없음을 확인했기 때문이다.

화장을 하며

여인들은 누구나 거울을 가까이 하기를 좋아한다. 나도 예외는 아니어서 아침마다 거울 앞에 앉는 일이 일과 속에 들어 있다.

거울 속의 자기와 마주앉아서 열심히 바르고 두들기고 혹은 그리고 나서 다시 들여다본 거울 속에 비쳐진 약간 색깔 있는 얼굴. 그것을 보고 만족하는 순간, 그때가 여인들에게는 행복한 시간이다.

나는 오늘도 이 행복한 시간을 위해서 작은 거울 앞에 앉아 열심히 손을 놀리고 있다. 그러나 귀는 항상 이 시간에 뉴스에 열중하는 텔레비전 쪽에 가 있다.

"어젯밤 벨기에의 제루부루항에서는 침몰된 영국여객선 페리호가 인양되었습니다. 인양된 선체 안에서 약 200여 구의 시체를 찾아내었으나 아직도 선실에는 몇 구의 시체가 더 있을 것으로 추측되고 있습니다."

순간 눈에 아이섀도를 칠하던 내 손이 약간 떨리는 듯 하더니 곧 장대처럼 굳어지는 것을 느꼈다. 텔레비전의 뉴스가 나를 놀라게 한 것이다.

내게는 그럴 만한 까닭이 있다.

그래서 며칠 전 영국여객선 페리호가 많은 승객을 싣고 출항하려던 차에 바다에 침몰되었다는 뉴스를 처음 들었을 때에도 하루 종일 기분이 언짢았었다. 이번 사고만이 아니라 바다 위 어디에서나 종종 일어나는 여객선 침몰사고의 뉴스는 그때마다 내 나이 세 살 때 일을 다시 생각나게 한다. 실은 내 기억에는 전혀 없는 일이지만 어머니는 그때의 일을 자주 말씀하셨기 때문에 내가 기억한 어떤 체험보다도 생생하고 소중하게 간직하고 있다.

지금은 국토를 넓히는 간척사업으로 서해안의 지도가 바뀔 정도라는 바로 그 서산의 해 저무는 한 항구. 그 항구에서 인천으로 가는 여객선에 어머니는 세 살 난 나를 등에 업고 아버지를 따라 배에 올랐노라고 늘 그때의 이야기를 시작하셨다.

여객선에 오르자 아버지는 바닷바람을 염려해서 어머니에게 선실로 들어갈 것을 권했지만 어쩐지 마음이 내키질 않아서 어머니는 갑판의 난간에 몸을 기대고 서 계셨다는 것이다.

약속된 출항시간이 되자 여객선의 선장은 서서히 닻을 감아

올리라 이르고 뱃머리를 돌리기 위해서 후진을 시작했고 부두에서는 전송나온 사람들이 움직이는 선체를 향해 일제히 손을 들어 올려 아쉬운 작별을 나누고 있었다. 바로 그때 갑자기 여객선은 한쪽으로 기울다 못해 물에 잠기고 갑판 위에 있던 사람들은 쏟아 붓듯 바다 속으로 던져졌다.

아버지가 정신을 차렸을 때는 어머니는 간 데 없고 아우성 속에서 춤추는 파도만이 목에 차더라고 아버지는 그때의 상황을 말씀하셨다. 수라장이 된 바다에서 필사적으로 아버지가 어머니를 끌어냈을 때에는 또 어머니 등에 업혀 있던 내가 보이질 않았다는 것이다.

이때 "자식 수장하고 혼자 살아남아 무엇하겠느냐."시며 아버지 손을 뿌리치고 다시 검은 바다로 뛰어든 어머니.

기적은 정말 있는 것일까?

그러나 아버지는 내가 사랑스러울 때면 두 손을 깍지 껴서 나를 가슴에 꼭 안으시고는 "네가 바다에 빠졌을 때 엄마가 정신을 잃은 채 너를 이렇게 안고 바다 속에서 솟구쳐 올랐다."고 말씀하시며 참으로 너를 살린 것은 기적 같은 일이었다고 회상하셨다.

이 사고로 친정집으로 출산을 하러 가기 위해 여객선을 탔던 임산부와 20대의 장정을 포함해서 모두 11명이 희생된 것으로 발표되었다. 그 중에는 내 이름도 끼어 있었다는데 참으로 기적 같은 일이 일어났다.

그러나 실은 내가 소생한 것은 기적이 아니라 끝까지 절망하지 않고 이틀 밤 사흘 낮을 나를 뉘여 놓고 지켜본 어머니의 정성이었다고 한다. 내가 눈을 감은 채 외마디 소리일망정 찾는 소리를 듣기 전까지는 어머니도 살아날 아이로는 믿지 않으셨다니 그 슬픔이 오죽하셨을까.

그래도 어머니는 항상 그 날의 사고를 회상하실 때마다 하숙방을 내주고 때도 묻지 않은 금침을 서슴없이 깔고 바다에서 건져온 나를 따뜻이 눕혀준 한 여객선 회사 사무원의 은혜를 잊지 못해 누구에게나 거듭 말씀하시곤 하셨다.

어머니의 근심은 내가 의식을 회복한 것으로 끝나지 않았다. 그 후 나는 자주 놀라고, 울고, 차를 타면 눈을 이상하게 뜨고 무서워해서 먼 길을 갈 때도 차를 타지 못하고 꼭 품에 안고 걸어다니셨다는 것이다.

내가 자라면서 친구들과 다투고 상대에게 눈을 흘기든가 혹은 무엇엔가 마음이 토라져서 눈을 곱게 뜨지 않을 때는 어머니는 나를 몹시 꾸짖으셨다.

그것은 내가 다른 아이들과 달리 눈동자에 흰자위가 많아 보여서 눈을 흘기거나 치켜뜨면 흉해 보이는 것을 어머니는 그때 그 여객선 전복사고 때 내가 놀랐던 탓으로만 생각하고 계셨던 것 같다.

아침마다 거울을 앞에 놓고 앉아서 서둘러 바르고 두들기고 하다가도 눈 화장에 이르면 거울을 다시 한번 가까이 들여다보는 것도 무심코 하는 일만은 아니다.

거울 속에 비친 내 눈동자 속에는 한번도 아닌 두 번의 생명을 주신 어머니의 나에 대한 사랑과 염려가 깊숙이 들어있기 때문이다.

젊어서는 사소한 일에 감정이 상하는 경우도 많았고 까닭 없이 미운 사람도 많아서 옹졸한 성품을 그대로 눈으로 나타냈다가도 곧 어머니께서 이르신 말씀을 생각하고 마음을 고쳐먹기도 했는데 미움도 삭힐 줄 알게 되고 격한 감정도 달랠 수 있게 된 지금에 와서는 책을 읽거나 글을 쓰다가 거울 앞에 섰을 때 내 눈이 더욱 커 보여서 스스로 놀란다.

그러나 그것은 내 심성 때문이 아니라 돋보기 탓인 걸 어쩌랴. 일찍이 세상을 떠나신 어머니도 돋보기 너머로 보이는 내 눈매만은 용서해 주시리라 믿는다.

오늘 아침에는 지구 저쪽 타국에서 있었던 여객선 전복사고가 내 시선을 오래도록 거울 속에 묻어 둔다.

현장 중계

지난밤을 뜬눈으로 샜다.

어처구니없는 짓을 한 셈이다. TV를 보는 일로 밤을 꼬박 샜으니 말이다.

그러나 바보상자라는 TV를 즐겨보는데는 내 나름대로의 몇 가지 이유가 있다. 첫째로는 뉴스를 통해서 그날그날 세상 돌아가는 소식을 알 수 있다. 그 중에서도 한국에 관한 뉴스는 향수를 달래준다. 두 번째로는 일본어를 듣고 배울 수 있는 좋은 기회다. 특히 한국어와 일본어는 한자어가 많고 일본에서는 한자를 많이 쓰고 있는데 그 발음이 우리와 비슷한 것이 있어서 자칫 실수하기 쉽다. 이런 문제점을 해결하는 데도 TV는 도움이 된다. 그리고 미처 알지 못했던 또 다른 문화를 이해할 수 있다. 또한 다양한 채널과 실속 있는 교양 프로는 자주 TV 앞으로 나를 유혹한다. TV는 고액 과외비를 지불하지 않는 훌륭한 나의 가정교사다.

어제는 사건 현장 중계를 보며 밤을 새웠다. 오후 늦게 TV를 켜는 순간 화면에는 고속버스가 질주하고 아나운서의 다급한 음성이 들렸다. 카메라는 후쿠오카 현福岡縣에서 니시닛 뽕 철도西日本鐵道의 고속버스가 납치된 현장을 쫓고 있었다. 범인은 17세의 무직 청년. 40센티 정도의 칼을 들고 초등학교 1학년 여학생을 인질로 잡고 있었다. 이미 남자 승객 세 명은 버스가 속력을 늦춘 고갯길에서 뒤창으로 뛰어내렸고 여자 승객 한 명은 범인의 칼에 찔려 병원에서 사망한 후였다. 그러나 버스는 아무런 제지도 받지 않고 계속 질주한다.

사망한 여자 승객은 정년퇴직 교사로 안락한 여생을 준비 중이었다고 방송하는 아나운서의 음성도 슬픔에 젖었다. 어디로 가려는지 버스는 계속 달리고 시간이 지날수록 긴장감만 높아진다.

인질로 잡힌 소녀는 이번 여행이 난생 처음 혼자 하는 여행이었다. 목적지에 가면 외할머니와 만날 약속이 돼 있었다. 밤 열 시가 가까워지자 납치된 고속버스는 급유를 이유로 한 넓은 주차장에 정차했고 이때 한 경찰관이 재빨리 버스로 접근했다. 그리고 날이 샐 때까지 정말 끈질기고 끈질기게 경찰관은 범인 설득에 온 힘을 쏟았다. 차창에 걸쳐 놓은 사다리 위에 선 채로.

자정이 지나서야 범인의 신원을 알아낸 경찰이 어머니로 하여금 범인을 설득하고자 했으나 어머니는 자신이 없다며 거절했다는 보도에 나는 흥분해서 잠을 청할 수가 없었다. 그러나 소녀가 다니는 초등학교의 교장 선생님은 "어린 소녀가 충격으로 마음이 상할까 걱정이다. 조용히 처리됐으면 좋겠다." 말하고 손수건을 꺼내어 눈물을 닦는 화면이 가슴을 뭉클하게 한다.

동이 트고 인질 구출 작전은 끝이 났다. 시계는 5시 2분이다. 장장 15시간을 추적하고 인내하고 설득한 끝에 구출 작전은 단 2분으로 무사히 끝났다. 버스의 유리창이 몇 장 깨진 것 말고는 모두 무사했다.

신문은 청년에 대해서 좀더 자세하게 기사화했다. 희망했던 고등학교 시험에 실패하고 2차에 합격을 했으나 열흘밖에 등교하지 않았다. 집안에만 틀어박혀 있던 청년은 급기야는 난폭해지고 부모를 괴롭혔다. 어머니는 아들이 월부로 칼을 사들인 것을 알고 경찰에 신고하고, 그 후 아들은 정신병원에 입원했는데 이번이 세 번째의 외출이었다고 한다. "원하는 것을 성취하지 못하면 화를 내고 우리들을 괴롭히기를 즐기는 것 같았다."고 주민들은 말하고 있다.

애정과 대화가 없는 가정, 친구 없는 이웃, 이지메는 있어도 참된 스승이 없는 학교가 현대사회의 특징이라고 흔히들 말한다. 놀라운 사건들이 일어날 때마다 17세의 난동이라고 표현하는 어른들에게는 정말 아무런 책임도 없는 것일까.

비록 이국에서 보는 TV현장중계지만 뜬눈으로 밤을 새고 나니 '교육자의 책임과 양심' 이라는 방망이가 내 가슴을 두드린다.

이 글은 2000년 5월 4일의 일기장에 쓴 글이다.

오늘 KBS 뉴스에서는 대전에서 일어난 인질극이 보도됐다. 사건은 두 시간에 끝을 냈지만 사상자는 경찰관을 포함해서 네 명이라고 보도했다. 참으로 안타까운 일이다. 그날 밤 뜬눈으로 밤을 새면서 열 시간 이상을 차창에서 범인을 설득하는 경찰관이 미련스럽고 답답하게 느껴졌는데, 오늘은 일기장을 다시 읽고 그의 인내력과 책임감에 뜨거운 박수를 보내고 싶다.

사진 속의 주인공

거리는 잔치 분위기에 조금은 술렁이고 하늘은 맑게 개어 있었다. 이러한 날은 마음을 비운 채 서울거리를 걷는 것을 나는 좋아한다.

그러나 직장에 매인 몸이라는 압박감이 그 날도 사무실 책상 앞으로 빨리 돌아오게 했다.

책상 위에는 낯익은 필치로 쓴 쪽지가 나를 기다리고 있었다. '쉐라톤호텔 ㅇㅇㅇ호실로 전화하세요.' 전화를 받은 사람은 미스 김이고, 그 밖의 사람들은 아무도 무슨 내용의 전화인지를 모른다고 했다. 미스 김은 행방을 알 수가 없었다.

전화를 걸기 전에 누가 호텔에서 무슨 일로 나에게 전화를 걸었을까를 잠시 생각해 보았지만 짐작이 가질 않았다.

쪽지에 적힌 전화번호대로 다이얼을 돌렸다. 그러나 아무도 받아주는 사람이 없어서 전화는 교환양에 의해서 일방적으로 끊어졌다. 그냥 퇴근해 버릴까 하고 핸드백을 들었다가 다시 다이얼을 돌렸다.

이번에는 꾀를 내어 교환양에게 호텔의 프론트로 전화를 연결해 달라고 부탁을 했다. 그리고 나는 스무 고개 수수께끼를 하는 질문자와도 같이 궁금증을 풀기 시작했다.

○○○호실 손님의 카드를 보아주세요. 이름이 뭐예요, 국적은요, 남자예요 여자예요, 응응, 전혀 모르는 사람인데, 부부라구요, 노인들이라고 하셨죠. 통화가 길어질수록 나는 더욱 알 수가 없었다.

그러나 내가 퇴근길에 호텔에 들르기로 마음을 먹은 것은 친절히 질문에 응해주는 전화 대화자가 그들 부부는 국군의 날 행사에 초대되어 온 손님이라고 덧붙여 말해 주었기 때문이다.

호텔에 도착해서 프론트 앞에 서 있는 서양인 노부부를 보는 순간 나는 그 분들이 나를 기다리고 있음을 바로 건네오는 눈빛으로 느낄 수 있었다.

나를 소개하자 부인은 노안에 반기는 웃음을 띠며 자기들 부부는 할리우드에서 왔으며 데이비스 부인의 부탁을 받고 나를 만나기 위해 전화를 걸었노라고 했다. 세 사람이 대화할 장소를 찾아 커피숍으로 걷는 동안 두 분의 걷는 모습으로 보아 칠십 가까운 노령의 분들이라는 것을 짐작할 수 있었다.

지난 겨울 동남아 여행길에서 만난 죠 할아버지와 데이비스 할머니의 연세가 바로 칠십이 세와 칠십 세였다.

일본의 하가다 공항에서 뜨는 대북행 비행기를 타기 위해 기다리던 대합실에서 우연히 눈길이 마주친 것이 데이비스 할머니와 나와의 첫 인연이었다.

이튿날 대북에서 관광차 까련으로 가는 비행기를 같이 타게 되면서부터 데이비스 할머니와 나는 더욱 친숙해졌다. 그 후 나는 대만에서의 일정을 단축하고 데이비스 할머니와 함께 홍콩으로 갔을 뿐만 아니라 홍콩에서는 호텔방도 같이 쓰는 사이가 되었다.

이러한 일들은 모두 데이비스 할머니의 친절한 마음씨 때문이었다. 젊은 동양 여인이 혼자서 외국여행을 한다는 사실에 조금은 마음속으로 염려하는 듯도 했지만 겉으로는 전혀 그런 내색은 없이 호텔 방을 같이 쓰면 하루 비용이 많이 절약된다며 계산된 쪽지를 내게 보이는 적극공세로 같은 방을 쓸 것을 설득했다. 그러나 내게서 쉽게 대답이 떨어지지 않자 데이비스 할머니는 자기 나이 칠십 세, 남편인 죠는 칠십이 세의 노인이니 한 방을 써도 무방하지 않느냐는 말로 결국 내 승낙을 받아냈다.

홍콩에서 하룻밤을 자고 난 아침 TV와 신문은 일제히 '한국 유명 여배우 납치사건'을 톱으로 실어서 나를 놀라게 하고 두렵게 했다. 거리, 식당, 백화점 그 밖에 어디에서나 내가 한국인인 줄 아는 사람은 조심하라는 말을 잊지 않았다. 그때마다 데이비스 할머니는 내 손을 꼭 쥐며 '절대로 혼자 외출해서는 안 된다.' 고 타이르고 잠시만 눈에 띄지 않아도 리, 미세스 리를 소리 높이 부르곤 해서 때로는 주변 사람들의 시선이 부끄럽기까지 했었다. 데이비스 할머니 부부가 세계 여행길의 다음 목적지로 떠나기까지 홍콩에서의 3박 4일을 우리는 서로를 이해하고 돕는 즐거움도 있어 행복한 시간을 가질 수 있었다.

그토록 친절했던 분의 친구시라니 나도 그 분들에게 도움을 드리고 싶었지만 초청자 측에서의 충분한 배려로 불편이 없다며 내 제안을 모두 사양하고 잠시 방에 같이 가지 않겠느냐기에 나는 기꺼이 따라 올라갔다.

방에 들어서자마자 부인은 카메라를 찾아 들었다. 데이비스 할머니한테서 나를 꼭 만나서 안부를 전하고 사진을 한 장 찍어다 달라고 부탁을 받았다는 것이다.

그 사이 부군은 여행 가방에서 꺼낸 몇 장의 사진들을 응접탁자 위에 늘어놓았다. 퇴색한 흑백 사진이었다. 그 사진이 얼마나 자랑스러운 것인가를 부인은 내게 말해 주었다.

첫 번째 사진은 몇 개의 야전 천막을 배경으로 이십대의 젊은 여인이 군복을 입고 찍은 사진이다. 사진 속의 주인공은 6 · 25당시 유엔군 간호장교로 참전했던 자기 모습이고 사진의 배경은 부산이라고 했다. 또 다른 사진들은 부상병을 치료하는 장면도 있었고 병사들과 같이 찍은 사진도 있었다. 부인은 사진 한 장 한 장을 설명할 때마다 대전, 용산…. 등 지명을 잊지 않고 기억하고 있었다.

뒤이어서 웃음만 띠우고 있던 부군이 입을 열었다. 데이비스 할머니에게는 물론 교회 친구 그 밖에 자기들이 아는 모든 사람들에게 부인은 이 사진을 꼭 보여주며 자기는 부인 덕분에 한국에 오게 되어 기쁘다며 두 손을 활짝 벌려 기쁨을 표시했다.

나는 이럴 때 정말 당황을 한다.

마음으로는 당신의 젊음을 건 봉사는 참으로 보람된 일이었노라고 말하고 싶었지만 그때만은 안타깝게도 표현에 적절한 영어가 한마디도 생각이 나질 않았다. 감격한 심정을 말로 표현하지 못한 탓인지 나는 가슴이 뜨거워지는 것을 느꼈다.

아쉬운 이별을 뒤에 두고 호텔을 나서니 어둠을 밝히는 서울 장안의 불빛이 더욱 휘황찬란한 밤이었다.

그 후 내게는 서울의 빌딩 숲을 걷는 이방인을 보면 저들이 먼 훗날 한국을 기억할 때 무엇을 말할 것인가를 생각해 보는 버릇이 생겼다.

상처 입은 무명지

병원의 응급실 침대에 손을 뻗고 누운 후에야 다소 안심이 되었다.

손가락 하나쯤 칼로 베었다고 해서 당장 죽는 것도 아닌데 졸지에 당한 일이니 당황할 수밖에 없었다.

직장에 나간다는 핑계로 집안일에 소홀하다 보니 무슨 일을 마음먹고 하려하면 꼭 생각지 않은 문제가 생긴다. 일을 빨리 하겠다고 서둘다 그릇 깨기 일쑤고, 바느질하겠다고 바늘 잡으면 손톱 밑 찔려 아파하고, 칼을 잡기만 하면 크고 작고 간에 상처를 낸다.

그래서 그 날도 조심스럽게 흰떡을 썰기 시작했다. 큰딸이 남편을 따라 출국하게 된 지난 해 말부터 흰떡을 해먹겠다는 생각을 하고도 차일피일 미루다가 큰딸네 식구는 훌쩍 비행기를 타고 떠났다. 겨울방학이라고는 하지만 매일 학교에 나가야 하는 형편이어서 양력설, 그리고 금년부터 3일 연휴가 된 음력 설까지도 모두 그냥 넘겼다.

벼르던 끝에 겨우 시간을 얻어 떡집에서 떡은 빼왔으나 써는 일이 또 부담이 됐다. 아예 나누어줄 집에는 떡을 해왔을 때 가래떡으로 돌렸다. 집에서 먹을 만큼만 남겼지만 떡가래를 도마에 올려놓고 칼을 쥐니 떡국용으로도 썰고 싶고, 떡볶이용으로도 썰고 싶었다.

그러나 아침에 출근할 때까지도 부들부들하던 떡가래가 퇴근하고 보니 딱딱하게 굳어서 반질반질해진 떡가래는 칼을 그대로 밀어냈다. 떡을 써는 일에 힘이 드는 것은 물론이고 서툰 칼질이 조심스러워서 주의를 하느라고 했다. 그러나 마지막 한 번 남은 칼질에서 그만 아차 하는 순간에 칼 밑으로 손가락 하나를 넣고 힘껏 누른 셈이 되었다.

칼이 깊이 들어간 것을 감각으로 느꼈다. 오른손으로 재빨리 상처난 곳을 움켜쥐고 집을 나섰다. 여간한 일로는 병원을 찾지 않는 성미이지만, 그 날 저녁에 당한 일은 큰상처여서 집에 준비되어 있는 구급약 정도로는 도저히 지혈을 할 수가 없었다.

처음에 찾아간 병원은 지하철역 가까이에 있는 이층의 외과병원이었다. 병원 문을 열고 들어서자 수술복 차림의 의사와 마주쳤다. "선생님 손을 베어서 치료하러 왔는데요."하고 급한 마음으로 말을 했다. 의사는 대꾸도 하지 않고 수술실이라고 표찰이 붙은 곳으로 들어가버렸다.

입은 마스크를 해서 말은 할 수 없다쳐도 거들떠보지도 않는 불친절이 심히 섭섭했다. 잠시 후 간호원이 나와서 상처를 보고는 꿰매야 하겠다고 한다. 큰병원으로 가라기에 지혈만이라도 해달라고 애원하듯 말했지만 바빠서 할 수 없다며 간호원이 등을 밀어냈다.

두 번째로 찾아간 병원은 불광동지역에서는 꽤 이름이 알려진 큰병원이다. 현관에서 응급실을 찾아가는데도 세 번이나 물어서 갔다. 그러나 그곳에서도 대답은 똑같았다. 환자가 많아서 치료할 수 없다. 얼마나 기다려야 치료할 수 있을지 그것도 짐작할 수 없다. 바쁘면 다른 병원으로 가 보시오. 당직 의사인 듯한 사람이 책상에 앉은 채로 눈길도 주지 않고 귀찮다는 듯이 거절을 했다.

다시 나와 택시를 잡아타고 "아저씨, 빨리 외과병원으로 가주세요."하고 말하고 나니 가슴에서 끓어오르는 것이 있었다. 분노였다.

이럴 수가 있을까? 손가락 하나를 치료하기 위해서 이 밤중에 몇 개의 병원을 더 찾아가야 치료할 수 있을까? 갑자기 큰병이 나면 꼼짝없이 죽겠구나. 히포크라테스의 정신은 어디로 사라졌는고.

의료보험카드를 미처 챙겨오지 못한 것이 생각나자 더욱 화가 치밀었다. 적은 월급에서 다달이 보험료를 지불하는 액수가 얼마인데 이런 거절을 당해야 하는가. 병원에서 의료보험환자는 푸대접을 한다던데 그걸 지금 내가 당하고 있는 것이 아닌가 하는 생각도 하게 됐다.

세 번째로 찾아간 병원에는 환자가 없는 것이 이상하게 느껴질 정도로 한가했다. 분주하게 몸을 놀리던 간호원이 "아주머니, 은반지 끼셨네요. 따님이 해 드렸군요."하고 묻는다. 지난해에는 어디서 온 풍습인지 동지 전에 딸이 어머니에게 은반지를 사드리면 그것을 끼는 이에게 행운이 온다고 해서 너도나도 은반지를 사는 바람에 장안의 은값이 오른다는 소문이 돌기도 했었다.

부모와 자식, 특히 어머니와 딸 사이의 깊은 정을 이용한 상혼이 작용한 것이 아닌가 싶다. 딸은 어머니의 분신이라서일까. 무명지에 칼이 들어간 것도 실은 손으로는 떡을 썰면서도 머릿속으로는 큰딸이 안착을 했는지, 집은 구했는지, 이삿짐은 도착이 됐는지, 떡을 미리 했으면 한 그릇 끓여 먹여 보낼 것을…, 하고 끝도 없는 생각을 하다가 그만 실수를 한 것이다.

내가 낀 은반지는 그런 반지가 아니라 오른손 검지에 낀 약반지다. 어느 연수회에서 수지침 강의를 듣고 마음이 끌렸다. 수지침이 내가 지니고 있는 병을 낫게 할지도 모른다는 생각에서 강의가 끝난 후 다시 강사를 찾아가서 문의를 했다. 침만 놓는 것보다 오른손 검지에 은반지를 끼는 것이 낫다 해서 은반지를 하나 사서 끼었을 뿐이다.

상처를 소독하던 간호원이 "손톱을 다치셨네요."하는 소리에 나는 비밀스런 일을 남에게 들켰을 때처럼 얼굴이 붉어졌다. 어려서 친구와 숨바꼭질을 하다가 문틈에 손을 넣고 문을 닫은 부주의로 왼손 무명지의 손톱이 상해서 뽑아내는 아픔을 겪었다.

그때 나보다도 더 많은 눈물을 흘린 분이 아버지셨다. 어느 날 치료차 병원으로 나를 업고 가던 길에 아파도 참고 울지 말라하시며 사서 끼워 주신 반지도 은반지였다.

그러나 손톱을 빼고 치료가 끝나는 것으로 상처가 모두 아문 것은 아니었다. 왼손 무명지의 손톱이 정상이 아니라서 결혼 후 약혼반지나 결혼반지를 남들처럼 왼손에 끼워 보지 못하는 아픔도 컸다. 망가진 손톱은 매니큐어를 칠해도 표가 나서 손톱손질 한번 곱게 해보지를 못했다. 그 손가락을 다시 일곱 바늘이나 꿰매야 하는 상처를 입었으니 눈물이 저절로 흐를 수밖에 없다.

한 달 가까이 치료를 받는 동안 불편한 것은 일일이 들어 말할 수 없을 정도였다. 평소 망가진 손톱이 흉해서 손가락 하나쯤 없어도 될 텐데 하고 생각한 적이 있었는데, 막상 손가락 하나를 자유롭게 쓸 수 없게 되니 불편한 게 이만저만이 아니다.

우선 왼손을 물에 넣을 수 없으니 세수도 한 손으로 고양이 세수를 해야 한다. 설거지도 한 손만 써서 해야 한다. 고무장갑을 끼고 하면 장갑을 벗을 때 동여맨 붕대가 몽땅 빠져나와서 다시 동여매야 한다. 그때마다 "물이 들어가면 안 됩니다."하는 의사의 엄포가 귓가에서 맴을 돈다.

상처를 꿰맸던 실밥을 뽑고 거의 나아갈 무렵 외손 무명지를 뻗쳐둔 채 걸레를 짜다가 나는 크게 깨달았다. 열 손가락의 힘이 균형에 맞게 주어지지 않고서는 걸레는 만족하게 짜지지 않는다는 것을.

그리고 왼손 무명지가 자주 상처를 입는 까닭도 알게 됐다. 오른손은 칼을 쥐었으니 다칠 까닭이 없다. 왼손의 엄지와 검지는 무엇을 잡거나 쥘 때 항상 위쪽에 있지만 무명지와 새끼손가락은 아래쪽에 위치하되, 새끼손가락은 길이가 짧아서 쉽게 피할 수 있다. 약지는 그렇지 못해서 칼질할 때 자주 상처를 입게 된다.

학교에서 교감이 자리하는 위치가 왼손 무명지, 상처입기 쉬운 손가락 같은 존재라는 생각을 하게 될 때가 있다. 아래서 받치고 위에서 눌리는 자리가 교감의 의자라는 말도 있다. 없어도 잘 될 것 같은데 없으면 교무실이 허전한 게 교감의 위치다. 하는 일은 많으나 이것이 내가 한 일이라고 내세울 수 없는 것이 또 교감이 하는 일이다.

자기 목소리를 가졌으되 그 목소리 한번 높여 보지 못하면서도 교장실과 교무실에서 눈동자 돌아가는 소리까지를 놓치지 않고 귀 기울여 들어야 한다.

그러기에 생손톱을 빼도 네 잘못이 있음을 깨닫고 아픔을 참고 울지 말라시던 아버지의 가르치심대로, 교감의 자리에서 일하는 날까지는 안으로 자기를 다스리며 인고하는 마음으로 상처 입지 않는 무명지가 되어 살리라.

공든 탑

회색빛 하늘에서 눈발이 나부끼고 싸늘한 바람이 스타킹을 뚫고 들어와 종아리를 따갑게 때리는 계절이 오면 한때 머물렀던 해인사의 겨울이 생각난다. 혼자 걷던 오솔길, 폐부로 스미던 신선한 새벽 공기, 나뭇가지 사이로 빗살처럼 여울진 햇살, 날고 쫓으며 화답하는 산새 소리, 얼음 속을 졸졸졸 흐르던 계곡의 물, 숨가쁘게 재를 넘어 달려와 외로운 산사의 문고리를 흔들던 높새바람, 모두 나를 산사에 잡아 두는 좋은 친구였다.

그리고 궁금한 것은 그곳에서 인연을 맺었던 사람들의 그 후 소식이다. 절간에 혼자 있겠다고 찾아오는 사람은 자살할 가능성을 안고 있는 여자이니 한사코 투숙은 허락할 수 없다던 홍제암의 노스님은 염불하는 시간만을 빼고는 불경을 열심히 필사하시더니 지금 살아 계셔도 붓은 잡지 못하시겠지. 다섯 살에 입적하여 스물여섯이 된 상자승이 어느 남자와 눈이 맞아 환속을 했다는 소문을 들었는데 사실이면 그 배반의 아픔을 어찌 달래셨을까.

노름으로 가산을 탕진하는 남편이 미워 밤으로 도망쳤다던 공양주는 눈만 뜨면 울던 딸 놈이를 소원대로 고등학교 교육을 시켰을까. 한 방에 거처하면서도 자기는 글을 몰라 내가 읽고 쓰는 것이 무엇인지 알 수 없다며 한숨 쉬고 돌아눕고 남편이 수소문해서 데리러 오면 어쩌면 좋으냐고 내게 묻곤 했는데 지금까지 남편을 피해 사는지, 아니면 스스로 남편이 그리워 하산했을지, 그것도 아니면 찾아온 남편을 정말로 매정하게 뿌리칠 수 있었는지 알고 싶은 것이 너무 많다.

어느 날 산책에서 돌아오던 나는 외나무다리 가까이에서 한 보살과 마주쳤다. 삭발은 하지 않았으나 승복차림의 그 보살은 어딘가 교양이 있어 보이는 여인이었다.

그 여인과 세 번째 만난 곳은 큰절 대웅전 앞이다.

"저, 학교 선생님이시지요."하는 그 여인의 접근에 나는 소스라치게 놀랄 수밖에 없었다. 산사에 있는 동안 내 신분이 노출되는 것을 원치 않았기 때문에 그때까지 아무에게도 이름도 바로 말하지 않은 상황에서 직업까지 노출된 것은 나를 긴장케 하는 일이었다.

"실은 큰절 스님 중에 이 선생님의 대학 선배 되시는 분이 한 분 계십니다. 그 분의 사정상 직접 뵙지는 못해도 차 한잔

대접해 드리라는 당부를 받았습니다. 저를 따라 오시지요."

해서 안내된 곳이 큰절의 한 요사채였다.

그곳엔 또 다른 부인 한 분이 기다리고 있었다. 풍채로 보아 환갑은 지난 부인인 것 같았다. 앞가르마에 곱게 빗어 넘긴 쪽머리가 부인의 기품을 높였다. 무명옷의 진가가 부인의 단정하게 여민 옷섶에서 좌르르 흘렀다.

"처음 뵙겠습니다." 그 말밖에는 나는 달리 할 말이 생각나지 않았다.

"오늘은 날이 춥습니다. 이리 앉으시오."하고 기품 있는 부인이 내 손을 잡아끌어 앉힌 아랫목에는 모직의 조각이불이 깔려 있었다.

무릎까지 덮인 조각이불을 보는 순간 조각들을 솜씨 있게 이었다는 생각이 들었다. 들쭉날쭉한 조각들의 모양새로 보아 쓰고 남은 천들을 모아 만든 것이라는 짐작도 할 수 있었다.

그 방에서 작설차 한잔을 마신 시간은 그리 길지 않은 시간이었다. 그러나 삼십 년이 지난 지금도 소비절약 알뜰 주부라는 말을 들을 때면 그 기품 있던 부인을 떠올린다.

내가 "조각이불이 참 따뜻합니다."하고 말한 것은 작설차를 대접받은 데 대한 의례적인 인사였는데 뜻밖에도 기품 있는 부인은 오래도록 잊지 못할 이야기를 들려준 것이다.

"고맙구려. 재단실에서 아궁이에 버리는 것을 갖다 만들었어요. 아이들은 궁상맞은 짓을 한다고 야단이었지만 만들어 놓고 보니 쓸 만합니다."

하고는 정성스레 조각이불을 어루만졌다.

그 분이 당시 부산에서 남성 기성복으로 성공한 한국 굴지의 회사 창업주의 어머니라는 사실을 뒤늦게 알고 큰절로 부인을 다시 찾아갔을 때는 부인은 이미 절을 떠난 후였다.

오늘도 나는 TV의 과소비 추방 공익광고를 보며 성공한 아들의 어머니답게 절약과 인내와 노력을 생활신조로 했을 기품 있는 부인을 생각한다. 한겨울을 해인사 요사채에 와 계시는 것도 아들을 위해 불공을 드리기 위함이라고 했다.

좋고 값비싼 것을 사달라고 조르고, 놓고 다니고 버릴 줄은 알고, 배고픔은 느껴도 제 밥그릇인 도시락 하나도 간수하지 못하고 날이 가도 달이 가도 학교에서 잃은 물건을 찾아가지 않는 학생들의 수가 갈수록 증가하는 것은 쓰고 버리는 일회용에 길들여진 탓일까.

때로는 버리는 학생들보다 밥을 한 끼 굶기더라도 물건을 소중하게 여기고 아낄 줄 아는 가정교육에 소홀한 부모들이 미워질 때가 있다.

인간성 부재 도덕성 부재라는 각성의 소리가 높은 때일수록 자녀들에 대한 어머니의 사랑과 가정교육이 중요한 역할을 한다고 생각한다. 이것은 생각만이 아니라 문제 학생의 가정에는 문제의 부모가 있음을 보아 온 현장 교육자의 체험에 의한 단언이다. 절규라고 해도 좋다.

전국에 매장을 둔, 내가 만난 한 성공한 기업인의 어머니는 아궁이에 버려질 조각 천으로 이불을 만들어 겨울 산사의 방을 녹이고 외로운 과객을 쉬어가게 하는 정을 갖은 분이었다.

아들의 성공이나 부인의 기품은 사치로 꾸며진 것이 아니라 절제와 덕망으로 쌓아 올린 공든 탑이다. 그러기에 나는 해인사 요사채에서 잠시 만났던 그 부인을 못내 잊지 못한다.

시비詩碑 앞에서

아오바죠靑葉城를 돌아보며 석 장의 사진을 찍었다. 모두 기억해 두고 싶은 위치에서 사진기의 셔터를 누른 것이다.

첫 장은 다데마사무네伊達政宗의 기마상 앞에 딸 내외와 나란히 서서 구경 온 청년에게 셔터를 눌러달라고 부탁해서 찍었다.

아오바죠는 1600년 다데마사무네가 축성한 성이다. 다데마사무네는 풍신수길豊臣秀吉의 명을 받고 임진왜란 당시 삼천의 군졸을 이끌고 1593년 4월 3일 부산에 상륙하여 양산, 울산, 진주, 부여 등지를 짓밟고 그해 구월 십팔일 나고야名護屋로 돌아간 자다. 그는 다섯 살에 천연두를 앓고 오른쪽 눈을 잃은 애꾸였다.

기마상에서 사오 미터 걸어나와 천주대天主臺 앞에 섰다. 동북지방의 중심 도시고, 인구 구십일만인 센다이仙臺 시가가 한 눈에 들어왔다. 시계의 끝, 태평양에서 불어오는 바람은 내 노란 목도리를 날리고, 센다이 시가를 유유히 굽이쳐 흐르는 히로세가와廣瀬川, 거칠 것 없이 널찍이 펼쳐진 시가지, 고층 건물 사이를 동서남북으로 누비는 자동차의 행렬도 조망하기에 좋은 곳이다.

"엄마, 여기 좀 보세요."하는 딸의 부름에 돌아서는 찰나 사진기는 찰칵하는 마찰음을 냈다. 기왕이면 배경으로 마쓰시마松島의 풍광까지도 찍혀 나왔으면 좋으련만.

시비는 기마상에서 이십여 미터 떨어진 곳에 있다. 반즈이의 고오죠노 쓰끼荒城の月시비다. 우리가 아오바죠를 찾은 것은 실은 이 시비를 보는 것이 목적이었다.

시비는 동판에 고오죠노 쓰끼를 양각해서 나지막한 자연석에 박아 놓았다. 그 오른쪽에 도이반즈이 센세이土井晩翠先生이라고 음각한 대리석 좌대 위에 작자의 청동 흉상이 놓여 있다. 왼쪽에 세워진 안내판에는 본명이 林吉이며 1871년 센다이시에서 상인의 장남으로 태어나 팔십일 년의 생애를 마칠 때까지의 기록과 고오죠노 쓰끼 사절 전문이 기록돼 있다. 그 기록에서 제일 시집 텐찌유우조우天地有情를 처녀 출판(1899. 博文館 發行)한 후 여섯 권의 시집과 수많은 수필집을 출판했다는 대목이 특히 관심을 끈다.

이 세 가지가 화강석을 다듬어 둘레를 치고 납작납작한 검은 돌을 깔아 다듬은 원형 안에 세워진 호사스런 시비詩碑를 보며 나는 센다이시의 명예시민으로 추대되고 그들이 불굴의 명작을 쓴 시성詩聖이라고 추켜세운 반즈이를 생각하고 있었던 것이 아니다. 어느 봄날 다정했던 친구와 함께 찾아간 달성공원 한편에서 본 외롭고 초라해 보인 우리의 시인 이상화의 시비를 떠올리고 있었다.

이런 내 심사를 알 리 없는 딸은 "엄마, 피곤하세요?"하고 묻기에 "아니 즐거운데."라고 대답했더니 "그럼 웃으세요. 이렇게."하고는 화사한 웃음을 웃어 보인다. 나도 따라 웃었다. 사위는 기회를 놓치지 않고 사진 한 장을 또 찍었다.

고오죠노 쓰끼는 당초부터 제목이 주어진 노래 가사로 쓰여 불린 노래이기도 하다. 동경의 우에노 음악학교가 중등 창가집을 편집하기 위하여 당시의 문인들에게 제목을 주고 가사를 짓게 했는데 그 중에서 반즈이는 고오죠노 쓰끼를 맡아서 썼다. 시인의 나이 이십팔 세. 동경에 있는 한 중학교에 교사로 재직하고 있을 때였다.

작곡은 젊은 나이로 요절을 한 다기렌다로龍廉太郎가 이십일 세에 한 것이다. 센다이 시민은 물론이고 일본 사람들은 작사와 작곡 모두가 불굴의 명작이라고 자랑을 한다. 거리에는 반즈이의 이름을 붙여 부르고 마루젠丸光백화점에서는 하루 네 차례 '고오죠노 쓰끼' 곡을 틀어 시민에게 시각을 알리기도 할 만큼 센다이 사람들은 자기 고장 출신의 시인을 사랑할 줄 안다.

반즈이는 작사 당시를 회상하여 뇌리에 떠오른 아이즈와카마쓰會津若松의 쓰루가죠鶴が城와 아오바죠의 실황을 노래했다고 반즈이호우당晩翠放談에서 술회하기도 했는데 아오바죠의 시비詩碑는 반즈이의 제자들이 주축이 된 반즈이가이晩翠會에서 1952년에 건립을 했다.

애조 띤 곡조로 불리워지는 고오죠노 쓰끼가 일본 사람들에게 얼마나 애창되었는가는 시비詩碑 제막식에 바친 시라도리쇼고白鳥省吾의 시를 통해서도 짐작할 수 있다.

젊은 피 끓어서 맑고 시원한 눈동자
청춘 이십팔 세의 명시 고오죠노 쓰끼
이제 비에 새겨
팔십여 세의 환상이 아닌
망망한 세월
이에 전국이 애송되기 오십여 년
다시금 이후에도 영원히 애송될
고오죠노 쓰끼

반즈이晩翠는 감격하여 "분에 넘치는 칭찬을 받고 다만 눈물뿐 감사를 드리는 모두의 은혜"라고 한 수를 읊었다 한다.

음악에는 문외한인 나로서는 작곡이 명작인지 아닌지는 악

보를 보고도 알 수 없고 또는 내가 직접 노래를 불러봐도 가름할 수 없으나 고오죠노 쓰끼 시비는 작곡가의 고향인 오이타大分의 성지에도 세워졌다 한다.

작곡가의 사십오 주기 일이기도 한 제막식에 칠십칠 세의 고령으로 참석한 반즈이는

"젊은 천재 가고 사십오 년의 세월 흘러, 패망한 나라를 되돌아보며 다시 고오죠노 쓰끼를 생각한다."고 읊었다고 전해진다. 이 해는 바로 반즈이가 예술원 회원이 된 해이기도 하다. 일본 전국에 세워진 고오죠노 쓰끼 시비는 셋이지만 센다이에만도 반즈이의 시·구詩·句 또는 기념비가 산재해 있다.

일본 전역에 걸쳐 백수십 개교의 교가를 작사한 반즈이라 하니 당시의 그의 작사에 대한 일본인들의 선호도를 알 것 같다. 시대적으로나 사회적으로도 '동양평화를 위하여' 라는 마수를 치켜들고 동양을 한입에 삼키려던 군국주의의 패망으로 집 잃고 나라 망한 꼴을 당한 일본인들이 절망과 슬픔 속에서 자신들이 손에 들었던 무기의 위광이 무상함을 스스로 느끼고 교과서에서 배운 고오죠노 쓰끼를 너도나도 불렀으리라. 작사자 자신도 "패망한 나라를 되돌아보고 다시 고오죠노 쓰끼를 생각한다."했으니 말이다.

나는 집이 그립고 어머니가 그리운 상황에서 그 노래를 귀동냥으로 배웠다. 해방 직후 입학한 사범학교 기숙사의 선배들은 후배들에게 일본어 사용 금지령을 내렸다. 그리고도 선배들은

달빛 고요한 밤이면 고오죠노 쓰끼를 어느 한 사람의 노래로 시작해서 합창으로 끝을 낼 만큼 즐겨 불렀다. 우리의 노래 '황성 옛 터' 보다는 고오죠노 쓰끼에 길들여진 선배들이었다.

귀동냥으로 숨 죽여 배운 노래인 탓으로 잘못 알고 있던 가사의 한 구절을 시비 앞에서 바로잡았다. 실로 사십육 년 만이다.

고오죠노 쓰끼

봄 고루高樓의 꽃의 향연
돌고 도는 술잔에 그림자 지고
천 년의 소나무 가지 돋아나는데
옛날의 영광은 지금 어디에.

첫 구절의 '봄 고루의 꽃의 향연' 을 '봄철의 꽃의 향연' 으로 잘못 알고 있었다.

짐짓 부르는 소리에 눈을 돌리니 "장모님 여기에도 문인의 비가 있습니다."하고 저만치서 사위는 부르고 딸은 빨리 오라 손짓한다.

내일은 센다이를 떠나기로 약속된 날. 이곳에 머무는 동안 한곳이라도 더 많이 보여주고 싶어하는 딸과 사위의 표현이다.

나도 미련을 떨치고 부지런히 걸음을 옮겼다. 한장 남은 사진은 그곳에 있는 시마사끼도손島崎藤村의 시비 앞에서 찍었다.

4부

님 오실 징조

갈매못

들꿩도 울던 사연

광화문 이야기

우리 모두에게 평화를

송충이 잡는 것도 애국이다

귀고리

추석秋夕은 조상 숭배의 명절名節

님 오실 징조

갑자기 쏟아지기 시작한 빗줄기가 세차다. 비가 들이치는 창문을 닫으려던 손을 잠시 멈추었다. 창밖에 펼쳐진 거미집을 본 것이다.

희뿌연 하늘을 배경으로 은구슬 같은 빗방울을 주렁주렁 매단 거미집이 내 시선을 잡아 끈 것이다. 갠 날 허공에 펼쳐진 거미집은 사람의 눈에 잘 띄지 않는다. 그러나 빗속에서 바라보는 거미집은 환상적이다.

그 투명하고 가는 줄로 허공에 질서 있게 짜 놓은 거미집. 떨어질 듯 지금 바로 떨어질 듯 거미집에 매달린 빗방울. 그 한 방울 한 방울이 언제 떨어질까 가슴 졸이며 지켜보게 하는 것이 또한 비오는 날의 거미집의 정취다.

거미집은 미풍에도 흔들흔들 춤을 춘다. 그때마다 제각기 떨어지는 빗방울은 오선지 위에 그려진 악보처럼 보는 이로 하여금 잔잔한 선율을 느끼게 한다. 떨어지지 않고 오래 버티는 빗방울도 예외는 아니다. 지금일까? 지금 떨어질까? 기다리는 사람의 마음만 초조하게 할 뿐 오히려 쉽게 떨어지지 않고 버티고 매달린 건 빗방울 쪽이다.

그러나 태풍이 불면 거미집도 견디질 못한다. 통째로 날아가 버리는 것이 보통이고 개중에는 일부만이 손상을 입기도 한다. 애써 지어놓은 거미집의 한쪽이 무너지면 거미는 재빨리 나타나서 보수공사를 서둔다.

이때 위에서 아래로 내려오는 거미의 거동을 눈여겨보라. 거미는 무모하게 단숨에 지상으로 뛰어내리지 않는다. 천천히 아주 조심성 있게 내려온다. 허공에 거미줄을 뽑아내며 다시 위로 올라갈 때는 이 줄을 타고 오른다. 전후좌우로 부지런히 왔다갔다하면 보수공사는 끝이 나고 또다시 거미는 자취를 감춘다.

비가 그치고 햇볕이 쨍쨍 내리쬐었으면 좋겠다.

거미집에 매달린 빗방울에 햇살이 비친 영롱한 그 빛. 오색 구슬들을 보고 싶다. 서울에서는 이런 거미집 보기가 쉽지 않았다. 이곳은 도오쇼구東照宮가 가까이 있어서 울창한 나무들로 맑은 공기와 조용한 분위기를 자아낸다. 조석으로 창가에 오는 새들은 저마다 고운 목소리로 향수를 달래주기도 한다.

거미는 먹이를 얻기 위해 열심히 집을 짓는다. 걸려드는 것은 주로 곤충들이다. 한번 걸린 곤충은 거미줄의 강한 접착력 때문에 빠져나오기 어렵다. 요행히 거미집에서 떨어져나간다 해도 그 곤충은 날개의 기능을 잃게 되어 결국 살아갈 수 없게 된다.

곤충 중에서도 매미나 잠자리 같은 것이 거미집에 걸리면 먹고 먹히는 자들의 치열한 싸움이 벌어진다. 매미는 거미줄에 걸리는 순간부터 "맴맴"하고 우는 것이 아니라 "찍찍"하는 괴상한 소리를 내며 빠져나오려고 안간힘을 쓴다. 그러나 소리를 낼 수 없는 잠자리는 이미 날 수 없게 된 날개 대신 세 쌍의 가느다란 다리로 있는 힘을 다해 허공을 휘젓는다. 소리로 저항하는 매미나 다리로 허공을 휘저어대는 잠자리, 모두 비참한 최후를 맞는 것은 똑같다. 매미의 울음이 애절한 통곡이요, 저항이라면 울음조차도 울 수 없는 잠자리의 최후는 운명에 순응하는 것 같아 보였다. 이런 광경을 보고나면 거미의 잔인성이 싫어서 허공에 펼쳐진 환상적인 거미집을 보는 것과는 달리 독거미가 아니라도 거미를 기피하게 된다.

그러나 예부터 여인들은 거미와 가까이 지냈다. 집안에 거미가 나타나면 "손님이 오시려나 보다."하고 반긴다. 그러나 밤에 나타나는 거미는 밤손님이 올 징조라고 바로 잡아 죽인다. 그러고 보면 거미를 내 집에 오실 손님의 한발 앞선 전령사로 생각했던 모양이다. 애타게 기다리는 사람도 없고 오겠다고 약속한 사람도 없으며 초청한 사람은 더더욱 없는데도 거미를 본 사람은 "손님이 오시겠네!"하는 말을 잊지 않았다.

오늘날은 세계화 추세를 따라 예절도 서양예절을 따르는 경향이 농후해서 남의 집을 방문하게 될 때는 사전에 약속을 하고 간다. 그러나 전화도 인터넷도 없던 시대에는 시도 때도 없이 찾아오는 손님맞이에 여인들은 어려움이 많았을 것이다. 그렇게 생각하면 나타나는 거미가 반가운 것이 아니라 원망스럽기까지 하였을 것이다.

내 임 오실 밤이로다.
거미집을 지으니
임 오실 징조일세.

이 노래는 일본쇼기에 기록된 한 천황의 고사에 나오는 노래다. 데릴사위제도가 일반적인 시대였으므로 밤마다 남편을 기다리는 여인들이 즐겨 불렀다고 전한다. 여기서 말하는 데릴사위제도란 남자가 여자 집으로 장가를 가서 눌러 사는 제도가 아니라 남녀가 결혼을 하고도 여자가 시집으로 들어가 살지 않고 친정에 살고 남자는 자기 집에서 살며 처가로 아내를 만나러 가던 제도다. 남자는 자기 집 농사일을 했으므로 밤마다 남편이 행여 아니 올까 기다리는 심정을 읊은 노래다.

추녀 끝에 집을 짓는 거미를 흔히 볼 수 있던 시대였으므로 '내 임 오실 밤이로다.'는 자연히 유행됐음 직하다. 생각해보면 '손님이 오시려나 보다.' 와 '임 오실 징조일세.' 는 일맥상통하는 것이 있다. 임도 손님이다. 손님도 임도 사람이다. 그리고 사람 중에서도 가는 사람이 아니라 올 사람을 예측했다.

자연이 오염되고 살충제를 많이 사용해서 곤충들이 죽는다고 걱정들을 한다. 거미집을 아주 볼 수 없는 시대가 올지도 모른다. 그래도 여인들은 조금도 아쉬워하지 않을 것이다. 기다리는 손님이나 임이 없는 것이 아니다.

"당신 지금 거기 어디야?"를 수시로 확인할 수 있는 휴대 전화기를 너도나도 가지고 다닌다.

갈매못

갈매못은 내 고향 한 마을의 이름이다. 가톨릭 신자라면 알 만한 곳이기도 하다. 이곳을 우리들은 '갈매무시' 라고 불렀다. 아마 지금도 고향 사람들은 '갈매무시' 라고 발음할 것이다.

1975년 이곳이 가톨릭 성지로 지정되었으니 이제는 '갈매못' 으로 바르게 발음하여야 되겠다. 일찍이 보령 지방은 천주교 신자가 많던 곳으로 이미 정조 때 보령현감이 천주교도 여인 열 명을 징계하였다는 기록이 있다.

그런 연유에서 였을까. 1866년 천주교 박해 당시에 안다블뤼 주교 등 프랑스인 신부 삼 인과 장주기 요셉회장을 비롯한 신도 오백여 명을 처형한 곳이 바로 갈매못 해변가 자갈밭이다.

이 사실을 뒤늦게 알게 된 나는 참으로 놀랐다. 그토록 아름다운 해변이 그 많은 순교자의 피를 쏟아부은 곳이라니 믿을 수가 없다. 더욱이 갈매못 해변은 우리의 어린 날의 추억이 깔려있는 곳이기도 하다.

자연 그대로가 놀이터요, 학습장이던 시대를 살아온 우리들은 학교가 파하고 나면 냉이를 캐기 위해 갈매못 해변을 자주 찾아갔다. 지금의 내 기억으로는 냉이는 보통 들밭에서 많이 캤던 것 같은데 어찌된 영문인지 분명 갈매못 해변의 자갈밭에는 잎이 유난히 길고 연약한 냉이가 잘 자라서 나물바구니 채우기를 소원하는 소녀들을 기쁘게 해주었다. 황혼이 물든 바다위를 흰 돛을 단 고깃배가 두둥실 떠갈 때면 넋을 잃고 바라보기도 했었다. 내가 만일 화가가 되었더라면 그 아름다운 풍경을 캔버스에 옮겼을 것이다.

겨울이 되면 갈매못 해변은 상처투성이가 된다. 바다에 즐비하게 말뚝을 박고 설치하는 김 양식장이 되기 때문이다.

몇 가구 되지 않는 주민들은 역시 농업이 주고 김 양식은 부업에 불과했지만 갈매못 바다에서 생산되는 김 맛은 일품이라는 것이 어른들의 말씀이었다.

그러나 가톨릭 성지로 조성된 이후 내가 찾아간 갈매못에는 순교복자비와 함께 갖가지 색의 페인트로 단장한 소형 모터보트들이 바다낚시에 갈 손님을 목을 빼고 기다리고 있었다. 인근에 건설된 원자력발전소와 서해안의 지도를 바꿔 놓는다는 여러 곳의 간척사업이 바다 생태계의 변화를 초래하고 따라서 어민들의 소득에 막대한 영향을 준다 들었는데 이를 확인이나 하듯 어릴 적 즐겨 찾던 해변에서 나는 게를 잡고 굴을 따던 여인들의 모습을 볼 수 없어 아쉬운 마음으로 돌아서야 했다.

오늘은 책을 읽다가 갈매못에 묻힌 어릴 적 또 하나의 기억을 더듬었다. 그 책의 제목은 《아버지와 어머니의 옛날이야기》. 목차를 살피다가 펼쳐 읽은 작품이 〈아버지의 전사지〉라는 에세이다. 저자는 일본인이다.

유황도에서 개최된 행사에 사회를 맡게 된 저자가 출발 인사차 형을 찾아갔다가 아버지에 대한 새로운 사실을 알게 된다. 이차대전 중 아버지는 전사하고 어머니마저 병사하여 이모 집에서 형제는 자랐다. 이모에게서 들은 바에 의하면 아버지는 마리아나 해안의 유송선상에서 전사한 것으로 알고 있었다. 이모는 아버지의 전사통보와 함께 받은 골호 속에 들어 있던 '마리아나 방면에서 전사함' 이라는 쪽지만을 믿을 수밖에 없었다. 그러나 형은 또 다른 사실을 알고 있었다. 당시 학생이었던 형은 아버지를 전사 직전에 유황도에서 만났다는 친척의 말을 더 신빙성 있게 믿고 있었다. 유황도에 도착한 작자는 위령탑에 부모의 사진을 놓고 꽃을 바치고 아내가 준비해 준 본토의 물을 뿌린다. 그리고 나서 찾아간 곳이 미군 상륙 시 가장 전투가 치열했던 격전지 해변이다. 이곳에서 모래와 돌을 가져다가 부모의 묘에 놓고 나니 전후 오십 년의 매듭을 지은 듯하다고 쓰고 있다.

또한 작자는 해변에서 모래를 줍고 나니 갑자기 스콜이 쏟아진 것은 아버지의 기쁜 눈물이요, 전혀 뜻밖에 사회자로 지명된 일까지도 아버지의 부르심이라고 술회했다. 전쟁으로 아버지를 빼앗기고 패전국 국민으로 부모 없이 자라 성공한 한 인간의 아픔을 숨김없이 표현한 작품이다.

이 작품을 읽고 이토록 가슴 뭉클한 이유가 있다. 나는 눈을 감고 조용히 초등학교 사 학년 아니면 오 학년 때 있었던 일을 떠올렸다.

어느 날 담임선생님께 불려나간 나는 교장선생님과 함께 한 무덤에 꽃을 바쳤다. 그리고 슬피 울기도 했다. 그곳이 바로 갈매못성지를 내려다볼 수 있는 산 언덕이었다. "이 묘는 세계 평화를 위해 용감히 싸우다가 전사한 대일본제국의 군인의 묘." 라고 한 교장선생님의 말씀이 생각난다. 그리고 그 교장선생님이 일본인이었다는 것도 기억할 수 있다. 그러나 그 묘 앞에 초라하게 세워진 비명은 전혀 생각나지 않는다. 자신이 핍박받는 식민지 백성으로 살아가고 있음조차도 알 수 없는 어린 나이였으니 사람이 죽으면 땅에 묻힌다는 것이 두려워 눈물을 흘렸을 뿐 누가 어떤 사연으로 이곳에 무덤을 만들었는지에 대해서는 관심에도 두지 않을 나이에 경험한 일이다.

그 무렵 갈매못 앞바다에서는 터지고 난 어뢰가 떠다니고 인근 바다에서 고기를 잡던 어부들이 상자를 건져 횡재를 한다는 소문이 은밀히 나돌고 있었다. 이 상자들은 남지나해로 향하던 일본군 수송선의 침몰로 부유하던 군수품이었다. 내가 꽃을 바친 무덤의 주인공도 이렇게 희생된 한 사람이다.

이제 갈매못은 성지로 조성되어 꿈을 못다 이룬 영혼들이 신앙심 깊은 순례자들을 영접하는 곳이 되었다.

들꿩도 울던 사연

가을걷이가 끝나면 비탈진 밭에서 들꿩이 자주 울었다. 산골 아이들은 이에 화답이라도 하듯 가락을 맞춰 노래한다.

꿩 꿩 꿩서방 / 아들 낳고 딸 낳고 / 무얼 먹고 사나? / 하고.

먹구름이 산등성이를 넘어 몰려오고 천둥소리 요란스런 날은 들꿩의 울음은 더욱 자지러졌다. 어른들 말씀에 들꿩이 먹이를 찾아 위험을 무릅쓰고 인가人家 가까이까지 내려온다고 안타까워하셨다. 그 시절에는 사람도 다를 바 없었다. 일제강점 하에서 내선일체니 대동아공영이니 하는 허울 좋은 구호와 공출이라는 미명으로 모두를 수탈당하고 우리는 땀 흘려 농사를 짓고도 허기를 참고 견딜 수밖에 없었다.

추수가 시작되면 어른 아이 모두 논밭에 나가 이삭을 주웠다. 한 알의 곡식이라도 더 모아 식량에 보태기 위해서였다. 밀

레의 〈이삭줍기〉는 명화로 남아 세상 사람들의 사랑을 받는다. 그러나 우리의 이삭 줍던 풍경은 아들 딸들도 모르는 치욕의 역사 속으로 묻히고 말았다.

학교 근무에 태만하고 불평이 많은 젊은 교사에게 "나의 젊은 교사 시절에는 근무 여건이나 교육 환경이 더 열악했고 식량이 부족해서 밥은 굶고 출근을 해도 수업을 빼먹은 일이 없다."고 교장이 말하자, "라면이라도 잡수시지 굶기는 왜 굶어요."하는 대답을 듣고 평생 교육을 위해 쌓은 탑이 와르르 가슴으로 무너지는 소리를 듣는 것 같았다고 했다. 보릿고개의 뜻은 사전을 찾아야 알 수 있다. 날씬해지기 위해 아침을 굶고 피자나 햄버거로 식사를 대신한다. 이런 오늘의 젊은이들에게는 먹을거리가 부족하여 배가 고팠던 과거는 상상도 못하는 것이 당연한 일인지도 모른다. 그러나 민족적 억압 아래 배고픔을 경험한 사람은 가슴속에 침강된 분노를 지울 수가 없다.

특히 일본 땅을 밟으면 일제하에 겪었던 눈으로 그 속을 들여다보게 되고 새삼 분노를 느끼게 된다. 센다이仙臺를 처음 방문했을 때의 일이다. 백화점 앞에서 춤판을 보고 걸음을 멈추었다. 검은 옷을 입고 머리에는 긴 뿔과 붉은 이빨을 드러낸 검은 가면을 쓰고 북장단에 맞춰 춤을 추며 돌아가는 무리를 보았다. 풍년을 빌고 마귀를 쫓기 위해 춘다는 시시오도리獅子舞를 추고 있었다. 춤이 끝나자 구경을 한 사람들은 줄을 서서 준비하고 있던 여인들과 가위 바위 보로 승부를 겨룬다. 이긴 사람은 쌀이 든 봉투 하나씩을 받아간다. 아가씨는 손을 늦게 내밀고도 번번이 진다. 그리고 "승리를 축하합니다."하고 상냥한 인사와 함께 봉투 하나를 건네준다. 그러나 나는 호기심에서 한 일이 승리자가 되고 쌀까지 받았지만 은근히 화가 났다. 내가 당당하게 이긴 것이 아니라 상술에 속은 것이 불쾌했다. 이런 얄팍한 속임수로 순박한 우리 민족을 착취했을 것을 생각하면 당장 그 땅을 떠나고 싶었다. 우리는 쌀 대량생산을 연구하고 있는데 그들은 이미 양보다 질을 연구하고 영양가를 손상하지 않고 맛있게 밥을 짓는 전기밥통을 연구하고 있었다. 도오호꾸 신깐센東北新幹船을 타고 후루가와古川를 지날 때도 늘 마음은 우울했다. 이 넓은 오오사끼 평야를 갖고도 일본은 왜 우리 쌀을 가져갔을까? 하는 의문이 풀리질 않았다.

이제 우리도 쌀이 먹고 남아서 그 처리 방안을 놓고 고심하는 내용이 보도되었다. 참으로 행복한 이야기다. 그러나 한편으로는 염려스런 점도 없지 않다. 농촌에서 자란 탓일까? 밥을 주식으로 하는 우리는 절대로 쌀농사를 소홀히 할 수 없다고 생각한다. 하루 빨리 쌀 생산에서 소비까지의 연구와 정책이 수립되어 땀 흘려서 일한 농민이 허리 펴고 웃는 모습을 보고 싶다.

광화문 이야기

문고판 한 권을 읽는 일에 밤을 하얗게 밝혔다.

자정이 지나서는 책을 덮고 잠을 청했지만 잠은 천 리 밖으로 달아나고 생각은 자꾸만 책 속으로 빨려들어갔다. 책방에서 책을 받아 들고 차례를 본 순간부터 내 마음은 흔들리기 시작했다. 〈조선의 친구에게 보내는 글〉을 맨 앞으로 하고 이어서 〈잃게 될지도 모르는 한 조선의 건축을 위하여〉라는 글을 편집하여 출판한 것부터가 나로 하여금 많은 의구심을 갖게 한다. 우선 이 두 편을 읽고 나니 머리는 더욱 혼란해졌다. 이 글을 읽고 내가 받은 감동 그대로를 인정해야 할 것인가? 아니면 침략자의 허울 좋은 말장난으로 비웃어 줄 것인가? 나이 삼십에 이런 글을 쓸 수 있다니 참으로 놀랍기도 하다. 조선에서는 온 민족이 독립만세를 외치고, 일본은 군대로 하여금 진압토록 하여 수많은 조선인을 살육하는 상황 하에서 이런 글을 써서 지상에 발표한 용기는 도대체 어디에서 나온 힘일까? 그 진실이 순수하게 믿어지지 않아서 아니 믿을 수가 없어서 첫 장에서부터 끝까지 글자 한 자 놓칠세라 밤을 하얗게 밝히며 읽었다.

그러나 글을 한 편 한 편 읽을수록 저자의 예술에 대한 애착과 해박한 지식, 탄탄한 문장, 사려 깊은 인정이 독자로 하여금 동양예술의 바다로 빠져들게 한다. 얼마나 읽고 싶었던 글이던가.

야나기 무네요시柳宗悅, 그의 이름을 나는 교보문고의 서가에서 처음 만났다. 《민예 40년》의 저자로 그는 읽을 책을 찾는 나에게 손짓하고 있었다. 그러나 그에 대해서 전혀 백지 상태였던 나는 그의 글을 읽을 수 있는 좋은 기회를 놓치고 말았다.

어느 날 밤 위성방송이 내 가슴을 뛰게 했다.

한 일본인이 아버지의 행적을 찾아 한국에 와서 이곳저곳을 찾아다니는 장면이었다. 산림청, 경복궁, 민속박물관 그리고 이천의 한 도요지, 세계를 자기 집 마당처럼 누비고 다니는 일본인들이기에 가볍게 보아 넘길 프로였다. 그러나 나레이터의 설명에서 그의 아버지가 헐릴 위기에 놓인 광화문을 수호하기 위한 글을 썼다는 말에 긴장하고 화면을 지켜보기 시작했다. 그의 아버지의 이름을 알고 싶었고 그 글을 꼭 읽고 싶었다.

그러나 TV를 프로 중간에서부터 보게 된 탓으로 그 이름을 알게 될 때까지 한 장면이라도 놓칠세라 눈과 귀를 동원했다.

산림청을 방문한 카메라는 반백의 출연자를 한 그루의 수려한 소나무 아래 세워 놓고 이 소나무가 아버지가 왜솔을 심으라는 당국의 지시를 무시하고 심은 조선소나무라는 설명을 한다. 나도 산림청 행사에 참석한 기회에 그 소나무를 보고 아름다운 모습에 눈길을 떼지 못하고 심어 가꾸는 이름 모르는 분들에게 무언의 감사를 보낸 일이 있는 나무다.

민속박물관으로 옮겨진 카메라는 관장과의 대담을 나누고 1924년 경복궁 취경당에 우리나라 최초로 '조선민족 미술관'을 개관했을 당시 전시되었던 도자기와 민예품 몇 점을 보여준다. 카메라가 주선한 이천에서의 한 만남은 더욱 시청자의 흥미를 돋우고 필연적인 만남임을 알게 한다. 아버지 시대의 뜻있는 인연을 확인하는 자리이기도 했다.

1922년 1월 조선 도자기의 미에 반한 한 일본인이 이 땅에 건너와서 미술관 개관 준비를 하는 한편 5월에는 《조선의 미술》을 간행하고 10월에 '이조 도자기전'을 개최한다. 이때 만난 사람이 야나기 무네요시와 한국의 도공 지순관이다. 오늘의 TV에서의 만남은 그 두 사람의 아들들의 만남이요, 각자 아버지에 대한 기억을 이야기하는 자리였다. 지순관 씨의 아들이 "원래 아버지는 공예를 하던 분이었는데 그 분을 알게 된 후 도자기에 전념했다."고 말하자 방문자는 그 무렵에 자기가 태어났으며 민예품에 애착을 갖던 아버지는 아들 이름에 백성 민자를 넣어서 짓기까지 했노라며 자랑삼아 말한다.

TV를 끄고도 내 마음의 갈증은 잠재울 수가 없었다. 전등을 끄고 나니 어둠 속에서 알고 싶은 욕망은 애를 써서 청하는 잠을 쫓는다. 야나기 무네요시의 글을 읽고 싶다. 그가 썼다는 광화문에 관한 글의 제목은 무엇이며 어느 책에 수록되었는가. 생각할수록 모르는 것뿐이었다.

날이 밝자 개점시간에 맞추어 교보문고로 달려갔지만 그의 저서 《민예 40년》은 나를 기다리고 있지 않았다. 관계자에게 문의를 하니 그의 저서는 모두 매진되었으며 주문을 해서 받아 보기까지는 한 달쯤의 시간이 필요하다고 했다. 실망만을 안고 돌아온 나는 서둘러서 여행 가방을 쌌다. 계획하고 있었던 미국행을 수정하여 잠시 일본에 들렀다 가기로 한 것이다.

그러나 센다이에서는 책을 사지 못했다. 미국행 비행기를 타기 전에 동경의 책방에 들려 사기로 마음먹고 출발 시간을 앞당겨 떠났지만 짧은 겨울 해는 나그네의 가슴을 더욱 초조하게 한다. 짐을 동경 역 로커에 두고 책방으로 뛰어갔다. 문고판 《민예 40년》을 손쉽게 살 수 있었던 것은 참으로 다행한 일이다.

뛸 듯이 기뻤다. 워낙 책을 좋아하는 나지만 그날만은 다른 어떤 책도 눈에 들어오지를 않았다. 단숨에 표지를 넘기고 목차를 보다가 〈잃게 될지도 모르는 한 조선의 건축을 위하여〉에 시선이 머무는 순간 잠시 내숨결도 정지하는 듯했다. 바로 이 글이구나. 헐릴 운명의 기로에 선 광화문을 보존하기 위하여

야나기 무네요시가 쓴 글이.

"이 한 편의 글을 공개할 시기가 내게 임박하였다고 생각한다."로 시작된 글은 조선 왕궁의 정문으로 장대한 광화문을 보지 못한 사람들의 관심을 불러일으키기 위해서 독자들이 동양을 사랑하고 예술을 사랑하는 마음을 가진 자들임을 믿고 싶다고 전제하고 그래도 제목이 실감 있게 독자에게 다가오지 않으면 다음과 같이 상상해 보라 한다. 만일 조선이 부흥하고 일본이 쇠퇴한 상황에서 일본이 조선에 합병되어 궁성이 폐허가 되고 그 자리에 양풍의 일본 총독부의 건물이 서게 되어 저 푸른 해자를 넘어 멀리 우러러보던 흰 벽의 에도성江戸城이 허물어지는 광경을 상상해 주십시오 라고. 비록 상상일지라도 당시 우리 민족으로서는 그 누구도 쓸 수 없었던 글을 야나기 무네요시는 쓰고 있다.

광화문이여, 광화문이여, 너의 명이 지는 해에 쫓기는 구나. 네가 이 세상에 존재했던 기억이 차디찬 망각의 기억 속으로 묻혀 사라지려 한다. 어찌하면 좋으랴. 하고 한탄하고 실제로 너를 죽음에서 구해 일으킬 자유는 내게 주어져 있지 않지만 문자 속에 너를 불멸케 하는 자유는 나에게 주어져 있다. 나는 여기에 너의 이름과 자태와 영을 결코 지워지는 일이 없는 깊이로 새기고자 한다. 마치 너를 낳은 민족이 좋아하는 저 단단한 화강암에 깊게 끌을 대고 기념하고 영원할 조각을 새겼듯이.

이것만으로도 그가 붓을 든 의도를 짐작할 수 있다. 광화문이여, 너의 존재는 머지않아 수탈당할 것이며 수탈을 당해서는 아니 될 존재를 위해 그는 글을 쓰고 지상의 시야에서 너의 모습이 사라지게 되더라도 나의 이 문자는 지상의 어딘가로 전파될 것이라는 그의 예언대로 그 화살이 내 가슴에 꽂히는 찰나 무한한 문자의 힘을 다시 생각하는 기회가 되기도 하는 글이다. 야나기 무네요시는 광화문이 헐려서는 아니 될 이유로 광화문을 재건한 대원군의 의지를 들고 광화문이 재건된 지 오십여 년에 불과한 점, 광화문은 근대작이라 할지라도 동양 중에 많지 않은 건물 중의 하나라는 점, 예술을 비호하는 정치가 위대한 정치라는 강도 높은 주장, 그리고 자연과 조화를 이뤄 배치된 경복궁을 눈으로 직접 보지 못한 사람도 알 수 있을 만큼 그림처럼 쓰고 있다. 이제 더 무엇을 의심하랴. 그의 글을 읽을수록 예술에 쏟는 그의 집념과 탁월한 안목과 애정 그리고 호소력 있는 필력에 그저 놀라움을 금치 못할 뿐이다.

1922년 일본은 조선의 민족정기를 말살하기 위해 경복궁 남쪽에 조선 총독부를 짓고 광화문을 헐어버리려 했다. 그러나 요행히 당시 해체의 고비를 넘긴 광화문은 지금의 건춘문 북쪽으로 옮겨졌으나 불행하게도 동란 중에 소실되어 오늘 우리가 볼 수 있는 광화문은 태조 사년 경복궁의 정문으로 창건된 위치에 시멘트로 재건된 모습이다.

우리 모두에게 평화를

서울의 새해 새 아침은 보신각의 종소리를 타고 온다.

올해의 새 아침도 그렇게 밝았다. 시청 앞 광장에는 송구영신을 축하하기 위해 특설 무대가 마련되었다. 특히 금년에는 2002년 월드컵의 해를 맞기 위해 공동 개최국인 일본과 연계하여 서울과 요코하마에서 TV로 새 아침을 맞는다.

TV화면은 무대에서 열연하는 연기자 못지않게 질서 정연한 공연장의 분위기를 비춰준다. 각기 다사다난했던 묵은해를 보내고 염원을 안고 새해를 맞으려는 사람들이 모였다. 추위는 아랑곳하지 않는다. 다가앉은 서로의 체온과 웃음 띤 얼굴, 때로는 흥에 겨워 흔드는 서로의 몸짓으로 영하의 기운을 이겨낸다.

한편으로는 통제되지 않은 길을 물이 흐르듯 달리는 자동차의 헤드라이트 행렬이 행사장의 질서를 대변하고 있다. 올림픽을 개최한 나라, 월드컵을 개최할 나라의 문화시민다운 모습을 보는 것이 흐뭇하기까지 하다.

잠시 TV화면이 보신각 타종 현장으로 바뀌었다.

손에 촛불을 든 시민들이 초읽기와 함께 숨을 죽인 순간 첫 번째 종소리가 어둠을 가르고 울려 퍼진다.

희망의 새해가 열리는 시간이다.

의자에서 일어선 나는 벽에 걸린 사진 앞에 두 손을 모았다.

"어머니 새해 복 많이 받으세요. 그리고 우리 아이들 모두 평안하게 지켜주세요."

다시 자리에 앉아 생각하니 돌연한 행동에 웃음이 절로 난다. 그러나 이 두 가지 소원은 자나 깨나 가슴속에 품어온 오랜 내 염원이다.

어머니께 새해 세배를 드린 기억이 없다. 어릴 때 섣달 그믐날 밤은 잠자지 않으려고 갖은 꾀를 써 보았지만 왜 그리 졸립던지. 깜박 잠이 들었다. 눈을 뜨면 거울 앞으로 다가서서 먼저 보는 곳이 눈썹이다. 눈썹이 정말 하얗게 세지 않았는지 확인부터 해야 했다. "섣달 그믐날 밤 잠을 자면 눈썹이 하얗게 센다."하신 어머니 말씀을 나는 믿고 있었다. 그리고 어머니가 손수 지어 놓으신 설빔을 입는 아침은 정말 날아갈 듯 기뻤다. 새 옷을 입고는 차례상 앞을 떠나지 않았다. 할아버지가 움직이시는 대로 나도 그림자처럼 따라 움직였다. 절도 따라서 하고, 차례가 끝난 후 할아버지가 차례상에서 집어 주시는 밤, 대추, 곶감 그것들이 그렇게도 맛이 있었다.

어른들께 세배를 드릴 때는 오빠들 틈에 끼어서 한다. 그때마다 치마끈에 매단 염낭으로 속속 들어가는 세뱃돈도 쏠쏠했다. 그 재미로 이 사람 저 사람 붙잡고 "세배 받으세요. 세배 받으세요."하고 일손 바쁜 분들을 가리지 않고 쫓아다녔다. 새해 인사라기보다는 내 주머니를 채우기 위한 협박 아닌 협박을 한 것이다. 그러나 어머니는 하루 종일 부엌에서 나와 앉으실 짬을 내지 못하셨다. "엄마, 세배 받으세요."하면 어머니는 언제나 "지금 바쁘다. 있다가 해라."하셨다. 그러나 그 '있다가'의 기회는 영영 오지 않았다. 그래서 해가 바뀔 때마다 소원으로 남는다. 비록 이루지 못할 소원도 소원은 소원이다. 아니 이루지 못한 소원은 더욱 절실해진다.

"가지 많은 나무에 바람 잘 날 없다."고 말한 사람이 누구일까 생각하는 때가 있다. 아이를 넷을 낳아 키웠으니 하나만 둔 사람보다는 가지 많은 나무다. 큰아들이 미국으로 가고, 큰딸이 독일에서 살고, 막내딸이 남편 따라 일본으로 떠난다는 소식을 들은 막내아들은 "우리 엄마 이제 큰일 났다. 할머니가 손자들 하고 말도 통하지 않게 되었으니."하고 언어 소통을 먼저 걱정했다. 그러나 그것은 기우에 지나지 않았다. 손자들 모두 어느 나라에 살든지 우리말을 잘한다. 그리우면 전화로 목소리 듣고, 보고 싶으면 비행기를 타고 찾아간다. 지금까지 그렇게 살아왔고 그렇게 살아가면 된다고 마음을 다스려왔다.

그러나 정작 걱정거리는 다른 곳에 있었다. 캘리포니아주에 산불만 났다 해도 가슴이 철렁 내려앉는다. 종종 외신으로 보도되는 학교 내 총기 난사 사건을 들을 때마다 전화를 건다. 세계가 놀란 뉴욕 고층빌딩 붕괴 화면을 보는 순간은 당장 내 아들이 무슨 일을 당하는 것 같아 놀란 가슴을 진정할 수가 없었다. 보고 싶을 땐 비행기를 타고 간다는 생각은 세계가 평화로울 때 할 수 있는 일이다. 걱정이 돼서 전화를 걸면 "여기는 넓은 땅이고 안전하니 걱정하지 마세요."하는 대답이 전선을 타고 돌아온다. 그러나 부모 마음은 언제나 자식 일에 옹졸하고 바람 닿지 않는 안전지대란 없으니 어쩌리.

유럽에서 광우병이 번지고 라인강이 범람해도 걱정이다. 소고기를 좋아하는 식구들이 반찬은 무얼 해 먹고 사는지. 돈조차 유로화를 쓰게 된다는데 불편한 점은 없는지. 아무 도움도 주지 못하면서 언제나 걱정은 떨쳐버리질 못한다.

일본은 가까운 곳이긴 하나 걱정되는 것은 매한가지다. 시도 때도 없이 일어나는 지진, 여기 저기 가리지 않고 터지는 화산, 거기에 물가고까지 겹치면 결코 살기 좋은 곳만은 아니다. 이런 저런 걱정을 하는 나를 보고 아이들은 하나같이 염려하지 말고 편히 살라지만 그것은 저희들의 바람이지 내 마음은 나도 달래지 못할 때가 있다. 그래서 아무런 종교도 갖지 못한 나는 다급하면 하늘에 계실 어머니와 남편에게 간곡한 부탁을 드린다.

새해에는 세계에 평화를, 흩어져 사는 우리 가족에게 평안을 내리소서 하고. 이제 세계 곳곳에서 일어나는 사건들이 우리와 무관하다고 생각할 때는 지났다.

진취적이고 강인한 우리 국민은 이미 세계 곳곳에서 꿈을 이루기 위해 활동한다. 이들에게도 금년에는 더욱 축복과 평화가 있기를 기원한다.

송충이 잡는 것도 애국이다

한 시골 면장이 일본을 다녀온 후 보고회에서 한 말이 화제에 올랐다. 일제하에 있었던 일이다.

그는 "일본은 이산 저산에 나무가 울울창창하다."라고 소리 높여 강조하면서 일본말이 서툰 그는 '울울창창' 하다는 표현을 우리말로 거침없이 토해냈다. 그리고 우리도 산에 나무를 심어야 잘 살 수 있다고 호소했다. 그뿐 아니라 일본의 여관에서는 종업원을 불러 놓고 "이불은 있는데 요강이 없구나. 요강 가져 오너라."라고 호통을 쳤다고 해서 입담 좋은 사랑방 손님들의 입에 오르내렸다.

일행 중 한 분이셨던 할아버지께서는 일본말은 전혀 모르시고 양복도 평생 한번 입으신 여행이었지만 다녀오신 후 달라지신 것을 어린 마음에도 느낄 수 있었다. 그것은 바로 더 철저하게 산을 지키시는 일이었다.

온돌구조로 된 주거 생활에서 땔감으로는 오로지 나무밖에 없었던 시대에 산은 어쩔 수 없이 옷을 벗는 민둥산이 될 수밖에 없었다. 입산을 허용하면 나무는 밑둥부터 잘리고 떨어진 가랑잎마저도 갈퀴로 긁어모아 상처만 남은 산은 비가 오면 올수록 분노를 터트리듯 홍수를 내고 산사태를 유발한다. 날을 정해서 입산을 허용했다. 그러나 그날도 아무 나무나 마구 베어내는 것이 아니다. 잡목을 베어내고 키울 나무는 가지치기를 해서 땔감으로 쓰게 했다. 간혹 마을 사람들이 나무 한 그루를 쓸 일이 생겨도 할아버지의 허락 없이는 나무를 벨 수 없는 것이 불문율이었다.

그러나 이웃마을 사람들이 항상 문제였다. 나무를 할 곳이 마땅치 않으니 자연 고개를 넘어 푸른 산으로 찾아든다. 할아버지가 자주 대문 밖을 서성이는 것은 이런 무법자들 때문이었다.

"거 누구냐. 빨리 나가지 못할까?"

할아버지의 불 같은 호령은 산울림을 타고 흩어지고 그때마다 무법자는 산을 내려올 수밖에 없었다. 그러나 솔잎을 송두리째 갉아먹고 나무를 고사시키는 송충이는 할아버지의 호령을 알아듣지 못했다. 살충제도 헬리콥터도 없었던 시절 산림을 뒤덮는 송충이를 박멸하기 위해 동원된 것이 학생들이었다.

빈 깡통과 나무젓가락으로 무장한 학생들은 교실 아닌 산으로 가서 송충이를 잡았다.

오죽하면 징그러운 사람을 '송충이 같은 놈' 이라고 했을까. 정말 무섭고 징그러운 것이 송충이이다. 어쩌다 부주의해서 송충이에게 쏘이면 그 가렵고 따가운 아픔은 쉽게 가라앉지도 않는다. 무섭고 징그러워서 저만큼 물러섰다가도 "산을 푸르게 하는 것이 나라를 사랑하는 일."이라시는 선생님 말씀에 한 마리라도 더 잡으려고 이리 기웃 저리 기웃 송충이를 찾아 키 작은 소나무 숲을 누볐다.

무섭고 징그러운 작업을 할지라도 송충이 잡으러 갈 산이 있는 것만으로도 다행한 일이었다. 당시에는 일제하에 못 먹고 헐벗은 백성들처럼 산도 '붉은 산' '민둥산' 이 많았으니 말이다. 그 후 우리는 잘 살아 보자는 의지로 '산림녹화' '조림' 이라는 구호를 귀가 따갑도록 들으면서 그것을 실천해 왔다. 주택 형태의 변화와 더불어 난방연료의 개선에서 온 결과라고도 볼 수 있겠지만 이제는 우리나라 어느 곳을 가도 '붉은 산' 은 보이지 않는다. 그러나 개발이라는 구실로 산을 허물고 세월을 견디어낸 나무들이 저항도 못하고 잘리어 나갈 때는 참으로 안타깝기만 하다.

나무는 심는 것만으로 끝나는 것이 아니라 사랑으로 가꾸어야 한다. 그리고 심는 나무는 자라서 수익성과 연계될 때 진정 부강한 나라가 될 것이다.

귀고리

외출 준비를 할 때마다 거울 앞에 서서 망설인다.

액세서리를 어느 것으로 하고 나갈까 잠시 생각해 보는 것이다. 이것저것 꺼내 놓고 목에 걸어보고 손에 끼워보고 옷에 달고 귀에 걸어보는 수선을 떨다가 약속 시간에 늦는 일도 허다하다.

참석하는 모임의 성격과 장소, 만나게 될 상대 그리고 입고 나갈 옷에 따라서 액세서리를 택해야 한다는 것을 마음에 두고 거울 앞에 선다. 그러나 그날의 일기와 기분에 따라서 선택이 좌우되는 경우도 없지 않다.

집 밖에 나서면 비단 약속이 없다 해도 여러 사람과 마주치게 된다. 약속 없이 만나게 되는 사람 중에는 대개 초면인 사람이 많다. 사람과 사람이 만났을 때 비록 한마디 말도 서로 교환

하지 않았다 해도 상대의 눈빛과 몸차림이 한눈에 들어와 인상으로 남는다. 아무리 말을 유창하게 하고 말씨가 상냥한 사람도 옷차림이 단정치 못하면 상대방에게 불쾌감을 주게 된다. 사람을 만날 때 2~3초면 느낄 수 있는 첫인상의 90%는 몸차림에서 결정된다고도 한다. 지나치게 짙은 화장이나 가지고 있는 액세서리를 전시라도 하듯 몇 개씩 같이 하고 있는 사람을 간혹 보는데 이런 경우 보는 사람은 아름다움을 느끼기보다는 피곤해진다. 상대방에게 불쾌감을 주지 않게 하는 몸차림과 자기 자신이 좋을 대로 몸을 치장하는 멋부림과는 다르다.

우리나라 여성들도 사회활동을 하고 양장을 하게 되면서부터 액세서리에 관심을 갖게 되었다. 최근에 와서는 값싸고 품질 좋은 것을 손쉽게 구할 수 있게 되어 많은 여성들이 애용을 한다. 그러나 아직 서양 여인에게 비해 양장을 한 역사가 짧은 만큼 익숙하지 못한 점도 있다.

귀고리만 해도 그렇다. 액세서리 중에서도 반지나 목걸이는 너나없이 착용하지만 귀고리는 아직 그렇지 못한 편이다. 그러나 서양의 여성들은 귀고리를 마치 복장의 일부로 생각한다. 따라서 서양 여성에게 있어 귀고리는 일상생활에서 빼놓을 수 없는 것 중의 하나다. 특히 라틴계 여성들은 예부터 어려서 귀에 구멍을 뚫는 풍습을 아직도 지키고 있다고 한다.

정장의 소도구로 귀고리를 사용하는 우리는 귀고리가 얼굴과 머리 모양과도 조화를 이루는지부터 생각해야 한다. 귀고리는 소재나 디자인에 따라서 자기 자신을 돋보이게 할 수도 있고 매력적으로 보이게 또는 지적으로 꾸밀 수도 있다. 이름이 알려진 디자이너에게 "귀고리를 달 때 유의할 점이 무엇입니까?"하고 질문을 했더니 "그 여성의 인품이 달고 있는 귀고리에서 배여 나오도록 하는 것…."이라는 대답 뒤에 "되도록 튀지 않게 그리고도 대담하게…."라고 강조했다는 기사를 여성잡지에서 읽은 일이 있다.

귀고리는 인간의 흥망성쇠와 함께 오랜 역사를 지닌 장신구다. 고대 이집트에서는 왕족이나 귀족을 중심으로 권력을 상징하고 악을 쫓아내는 것으로 애용되었다고 전해온다. 그 이전에도 앗시리아에서는 남녀가 귀에 구멍을 뚫고 귀고리를 하는 것이 유행이었다고 한다. 영국에서 귀고리가 유행한 것은 르네상스시대다. 이때는 금 진주 다이아몬드 외에도 보석을 귀에 다는 것이 남녀의 바른 차림새였다. 이렇게 살펴보면 원래 귀고리는 여성 전용물이 아닌 남녀가 공히 사용한 것임을 알 수 있다.

최근 우리나라에서도 귀고리를 단 청년을 흔히 볼 수 있다. 지금은 "남자가 귀고리를 했네."하고 다시 쳐다보기도 하지만 머지않아 당연시될 날이 올지도 모를 일이다. 동양에서는 중국의 절강성에서 발굴된 5,000년 전의 한 무덤에서 비취 귀고리가 출토되었다.

서양 여성들에게 귀고리가 널리 보급되기 시작한 것은 17세

기경이다. 18세기에 들어와서는 작은 진주나 가넷 등이 애용되었다. 과학이 발달한 20세기에는 보석 외에도 합성된 다양한 소재가 여인들을 휘어잡는다.

특별한 경우가 아니면 나는 빨간색의 한 귀고리를 즐겨 사용한다. 그 귀고리는 1978년 첫 해외나들이로 대만에 갔을 때 알게 된 진 시인으로부터 선물로 받은 것이다.

일본에서 대만으로 떠나는 나는 진 시인을 소개한 분으로부터 일본에서 출판된 진 시인의 시집을 받아들고 비행기에 올랐다. 사진으로 보아 노경에 든 귀부인이고 국제 펜클럽의 회원이며 잡지의 발행인으로 기록된 경력이 만나보지 않고도 친근감을 느낄 수 있었다. 비행기 속에서 한 편 한 편 읽어보는 그녀의 시는 한 발 한 발 그녀에게로 다가가는 나 자신을 느끼기에 충분했다.

그 중에서도 시 〈귀고리〉는 읽고 거듭 읽는 가슴을 뭉클하게 했다. 만나고 보니 진 시인은 예상한 대로 친절하고 활달한 분이었다. 그리고 유창한 일본어로 대만의 사정을 밤이 새도록 들려주었다. 자기는 대만인이고 57년 동안을 일본 정치 하에 있었으니 일본어는 할 수 있어도 지금 대만정부에서 쓰고 있는 북경어는 모른다고 했다. 그리고 작가가 자기 나라말로 글을 쓸 수 없는 심정을 당신은 이해할 수 없을 것이라며 그 큰눈에 눈물을 가득 담았다. 우리에게도 그랬던 시기가 있었노라고 말하고 싶었지만 별 위안이 될 것 같지 않아 입을 다물고 듣기만

했다.

시 〈귀고리〉는 어려서 "귀고리는 중국여인의 상징이며 긍지이고 자랑이니 소홀히 해서는 아니 된다."고 어머니가 하신 말씀을 상기하여 읊은 것이라 했다. 헤어지기 전날 밤 보석함을 안고 온 진 시인은 자기가 아끼던 빨간 귀고리를 내 손에 쥐어주었다. 헤어지기 섭섭해서 주는 정표라고 했다. 그 후 우리나라에서 열렸던 세계펜대회에 참석한 그녀를 만난 것이 마지막이다.

세 번째 대만을 방문했을 때 수소문한 결과 몇 년 전에 작고했다는 소식을 들었다. 그 날도 나는 귀에 그 빨간 귀고리를 하고 있었다.

추석秋夕은 조상 숭배의 명절名節

추석秋夕은 예부터 우리나라 고유명절固有名節의 하나로 가배, 중추절, 가위 또는 한가위라고도 하였습니다.

이 날은 일 년 동안 땀 흘려 일한 보람으로 거두어들인 햇곡식으로 송편을 빚고 술을 담가 햇과일과 함께 조상께 차례를 지내고 가족들과 함께 선산을 찾아가서 성묘를 하고 선조들을 추모하는 날이기도 합니다.

추석을 명절로 즐기는 것은 신라 유리왕 때부터 내려오는 우리나라의 풍습으로 신라 때에는 8월 15일을 '달 밝은 가을 밤'이라는 뜻에서 가배라고 하였습니다.

삼국사기에 기록된 바에 의하면 신라의 유리왕 때에 당시의 서울이었던 서라벌慶州에 사는 6부의 부녀자들은 모두 두 편으로 갈라 편을 짜서 왕녀들로 하여금 부녀자들을 격려하고 감독

케해서 7월 16일부터 길쌈(베짜기)을 시작하게 하였습니다.

그리고 한 달이 지난 8월 15일에는 그 결과를 심사하여 승부를 결정하고, 진 편에서는 술과 음식을 장만하여 이긴 편 사람들을 대접케 하였다고 합니다.

이 날은 가을하늘 밝은 달빛 아래, 위로는 임금님을 비롯하여 백관 대신들과 아래로는 서라벌(新羅 慶州)의 수많은 군중들이 지켜보는 자리에서 부녀자들은 왕녀들과 함께 밤이 지새도록 춤을 추고 노래도 부르며, 8월 보름달을 즐겼습니다. 이날 밤 춤은 '강강수월래'를 추고, 노래는 '회소곡會蘇曲'을 불렀다고 기록되어 있습니다.

또한 고려가요와 동국세시기 및 열양세시기에도 '한가위'와 그 의식 행사에 대한 소상한 기록이 있습니다.

우리의 선조들은 추석 5~6일 전부터 조상의 묘를 찾아가서 벌초를 하고 한가윗날에는 목욕재계한 후 화려한 옷으로 단장하고 차례를 지냈습니다. 넉넉히 장만한 음식을 나누어 먹었는데 "추석부슴"이라 하여 송편, 밤단자, 대추단자, 토란국 같은 것을 많이 만들어 먹었습니다.

이런 음식들은 모두 둥근 모양의 음식으로 가을하늘에 떠오른 보름달을 연상하게 하는 것들입니다.

추석날의 놀이로는 지방에 따라 줄다리기, 돌싸움(石戰), 씨름, 그네뛰기, 거북놀이 등을 즐겼다고 합니다.

추석에 대한 기록은 우리나라 사람이 기록한 것뿐만이 아니라 당나라 문종(827~840) 때 입당 수도한 승려 圓仁이 쓴《入唐求法巡禮行記》에도 있습니다. 당시 당나라의 산동지방에 살던 우리 민족이 8월 15일이 되면 독특한 명절놀이를 하는데 그곳 노승의 말에 의하면, 이 날이 신라가 발해와 싸워 크게 이긴 기념일이었기 때문에 이 날을 명절로 삼아 백성들이 온갖 음식을 만들어 먹고 가무로써 즐긴다 하고 이 절이 신라인의 절이어서 자기들의 조국을 그리워하며 8월 보름 한가윗날을 맞아 명절놀이를 한다고 기록하였습니다.

몸은 비록 이역만 리 남의 나라 땅에 살면서도 나의 조국, 우리의 전통과 미풍을 잊지 않고 즐겨온 것은 예나 지금이나 우리 겨레의 자랑이요 긍지입니다.

속담에 "더도 말고 덜도 말고 한가위만 같아라."라는 말이 있는데 이것은 우리의 조상들이 열심히 일하고, 무르익은 오곡백과를 추수하여, 풍요로이 즐기던 한가윗날의 기쁨이 얼마나 컸던가를 짐작할 수 있습니다.

오늘날 우리들이 추석을 공휴일로 정하고 가족들이 모여 음식을 장만하고 차례를 지낸 후 이웃과 같이 나누어 먹고 하루를 즐기는 것은 후손된 도리요, 우리 민족이 자랑할 미풍입니다. 혹 어떤 사정으로 해서 고향엘 가지 못하고, 직접 조상의 묘를 찾아 성묘를 하지 못하게 되는 학생들도 조상을 정성껏 섬기고 받들어 자손 된 도리와 의무를 다했던 옛 어른들의 본을 받아 추석명절秋夕名節을 검소하게 그리고 경건한 마음으로 보내야 하겠습니다.

추석은 단순히 먹고 노는 명절이 아니라 그 유래에서 알 수 있듯이 우리 민족의 협동심과 근로의 정신이 깃들어 있는 날인 만큼, 조상에게 감사하고, 숭배하는 마음으로 자연을 사랑하고 이웃을 사랑하는 문화민족답게 추석을 보내도록 각자가 노력하여야 하겠습니다.

연보

- 1933년 충남 보령군 오천면 영보리에서 이재봉 씨와 최정옥 씨의 딸로 출생
- 1933년 오천국교, 공주사범학교, 공주사범대학 국문과, 숭전대학교 국어교육과 졸업
- 1955년 박영효와 결혼
- 1956년 장녀 박수희 출산
- 1958년 장남 박용화 출산
- 1960년 차녀 박종희 출산, 박영효 지방의원 출마 낙선
- 1961년 차남 박정화 출산
- 1962년 《家産을 蕩盡한 落選의 苦杯》 女苑사 수기 모집에 필명 黃海燕으로 당선
- 1964년 유성중학교 교사
- 1966년 대전여자중학교 교사
- 1971년 공저 《敎壇의 微笑》출판
- 1972년 제1수필집 《가을이 오는 窓가에서》출판
- 1973년 문교부장관상 수상, 조선일보 〈一事一言〉집필, 충남일보 〈한밭 싸롱〉집필
- 1974년 충무교육원 장학사
- 1975년 제2수필집 《孤獨한 밤에》출판
- 1977년 대통령 표창 수상, 한국시인협회장 감사패

- 1978년 일본 동경 동붕학원대학단기대학 초청으로 '한국의 여류문학' 강의
- 1979년 충청남도 교육연구원 교원연수지도실장
- 1981년 제3수필집 《한 점 돌 위에 새긴 이름》출판
- 1982년 한국수필문학 신인상 수상, 충청남도 교육연구원 지도보급부 자료보급실장, 문교부 중앙교육연수원 장학사
- 1984년 제47차 국제PEN동경대학 참가, 문교부장관상 수상
- 1986년 문교부공보관실 장학사, 제4수필집 《追憶의 트럼펫》 출판
- 1987년 농민신문 〈情談〉집필
- 1988년 경서중학교 교감, 제52차 서울 국제PEN 대회 참가
- 1989년 한국문인협회 이사 역임, 동아일보 〈女性칼럼〉집필
- 1990년 《教育管理技術》에 수필 연재, 한국문인협회 제2회문협 해외문학 심포지엄 참가
- 1991년 봉천여자중학교 교장
- 1992년 《隨筆文學》지에 일본여류문인 〈나의 文章修業〉번역 연재
- 1993년 한국수필문학상 수상
- 1994년 일본국제교류기금 초청 일본교육계 시찰, 노산문학상 수상
- 1995년 제5수필집 《한내로 가는 길》출판

• 1996년 은평중학교 교장
• 1998년 한국교원단체연합회 연공상 수상, 청소년훈장 금장 수상, 한국보이스카웃 봉사장 수상, 국민훈장 목련장 수상, 정년퇴임
• 1999년 일본 선태 동북문화학원대학에서 한국어강사 역임
• 2007년 한국여성문학인회 부회장
• 2009년 한국여성문학인회 자문위원

■ 문단활동

• 한국수필가협회 이사 역임
• 한국수필문학진흥회 이사 역임
• 한국수필문학회 부회장 역임
• 한국문인협회 회원 및 이사 역임
• 수필문우회 회원
• 한국여성문학인회 자문위원
• 한국PEN클럽 회원

현대수필가 100인선 · 53
이병남 수필선
너도 사랑을 해, 사랑을

초판인쇄 | 2009년 9월 5일
초판발행 | 2009년 9월 10일

지 은 이 | 이 병 남
펴 낸 이 | 서 정 환
펴 낸 곳 | 좋은수필사

주 소 | 서울시 종로구 익선동 30-6
운현신화타워 빌딩 3층 305호
전 화 | (02)3675-5635, (063)275-4000
등 록 | 1984년 8월 17일 제28호
홈페이지 | http://www.shin-a. co. kr
e-mail | essay321@hanmail.net

값 7,000원

ISBN 978-89-5925-322-7 04810
ISBN 978-89-5925-247-3 (전100권)